****

L'ALSACE-LORRAINE

ET

L'EMPIRE GERMANIQUE

ÉTUDE SUIVIE

DES DISCOURS DE M. DE BISMARCK

SUR LES AFFAIRES D'ALSACE-LORRAINE

ET DES ALLOCUTIONS DE M. DE MANTEUFFEL

> *Une revanche! Pourquoi faire*
> *et à quoi bon ?* (Page 196.)

PARIS

CALMANN LÉVY, ÉDITEUR

ANCIENNE MAISON MICHEL LÉVY FRÈRES

RUE AUBER, 3, ET BOULEVARD DES ITALIENS, 15

A LA LIBRAIRIE NOUVELLE

—

1881

Droits de reproduction et de traduction réservés.

AVANT-PROPOS

L'étude qu'on va lire a paru, sous ce même titre, dans la *Revue des Deux Mondes*, en avril et juillet dernier. La presse allemande en a conçu une irritation très vive, qu'elle n'a pas même pris la peine de déguiser sous une apparence de discussion : au lieu de tenter une réfutation ou de faire le silence, elle a mieux aimé laisser voir sa colère sans donner de raisons. C'était à la fois trop et trop peu pour faire douter de la justesse des appréciations de l'auteur. Son travail reparaît donc ici dans sa forme première, bien que, le jour même où la seconde partie en était livrée à la publicité, la démission de M. Herzog et son remplacement par M. Hofmann, comme premier ministre en Alsace-Lorraine, eussent modifié brusquement quelques côtés de la situation, telle qu'il l'a décrite. Mais la petite révolution qui s'était opérée de la sorte dans le gouvernement intérieur de l'Alsace-Lorraine était chose assez indifférente, au fond :

> Car il n'importe guère
> Que Herzog soit devant, ou qu'Hofmann soit derrière.

La question qui s'agite depuis dix ans sur l'autre versant des Vosges, sans être encore arrivée à une solution, est plus haut et va plus loin. Du reste, les incidents amenés par ce changement de ministres, et les attaques auxquelles les organes les plus graves de la presse allemande se sont tout aussitôt livrés contre M. de Manteuffel, sous l'inspiration des fonctionnaires dont M. Herzog avait dû trop vite se séparer, ont apporté aux vues de l'auteur et à ses prévisions une confirmation qu'il ne pouvait espérer aussi prompte ni souhaiter plus complète, et ont ainsi contribué pour leur part à augmenter beaucoup l'autorité que paraît mériter l'ensemble de ses déductions.

Les discours que M. de Bismark a prononcés depuis 1871, pour exposer ses plans successifs d'assimilation de l'Alsace-Lorraine, forment un complément naturel de la présente étude et valent la peine d'être relus, puisque l'Allemagne en est encore aujourd'hui, comme il y a dix ans, à chercher la véritable formule de la germanisation de sa conquête. On trouvera ces discours aux annexes ; on y a joint le compte rendu sténographique de la séance du Reichstag du 18 février 1874, dans laquelle la députation d'Alsace-Lorraine a publiquement protesté contre l'annexion de ce pays à l'empire d'Allemagne, et qui, par la physionomie extraordinaire que lui a imprimée une majorité intolérante et triomphante, tiendra toujours une place à part dans les fastes parlementaires.

C'est à un titre tout différent que les diverses allocutions prononcées par M. de Manteuffel depuis son arrivée en Alsace-Lorraine ont également paru dignes d'être recueillies et conservées ici : elles peignent tout entier l'homme qui a accepté, avec la sérénité d'âme d'un philanthrope et d'un croyant parvenu au soir de la vie, une tâche qu'il mériterait d'avoir la gloire d'accomplir, si cette tâche, telle que la politique de conquête l'a faite, pouvait avoir jamais quelque chose de glorieux.

28 septembre 1880.

L'ALSACE-LORRAINE

ET

L'EMPIRE GERMANIQUE

I

On rapporte que, lorsqu'au mois de janvier 1880, le gouvernement allemand présenta au Reichstag le projet de loi qui renouvelle par anticipation ce qu'on appelle *le septennat militaire*, le maréchal de Moltke, à qui des députés se plaignaient des charges trop lourdes que l'état de paix armée fait depuis si longtemps peser sur l'Allemagne, leur aurait répondu : « Voulez-vous rendre l'Alsace-Lorraine à la France ? cela changerait la question ; si vous ne le voulez pas, il ne vous reste qu'à adopter le projet. »

Déjà, en février 1874, lors de la discussion de cette même loi, maintenant aggravée et prorogée pour une nouvelle période de sept ans, le comte de Moltke avait dit à la tribune que l'Allemagne serait sans doute forcée de défendre pendant un demi-siècle les conquêtes que lui avait values une campagne de six mois.

Ce n'est donc pas la première fois que le chef de l'état-major de l'armée allemande se sert de l'Alsace-Lorraine pour obtenir des représentants de l'Allemagne les sacrifices d'hommes et d'argent qu'il juge indispensables au maintien de la suprématie militaire de l'empire. Ce qui est nouveau, c'est que l'argument, qui jouissait encore, il y a six ans, d'une puissance irrésistible, semble n'être plus aussi décisif; c'est qu'il est devenu aujourd'hui possible à un Allemand d'exprimer ouvertement des doutes sur les avantages que la conquête de l'Alsace-Lorraine a procurés à l'empire, sans avoir à craindre qu'on ne l'accuse d'outrager la dignité allemande; c'est enfin qu'il se produit, çà et là, comme des symptômes de résipiscence au sujet des funestes conséquences qu'a eues pour la prospérité de l'Allemagne la politique des annexions violentes.

Ces symptômes sont visibles; mais il faut se garder d'en exagérer la portée et surtout d'en attendre aucun effet pratique. Il ne suffit pas qu'un député socialiste comme M. Bebel, ou un journal progressiste tel que la *Volkszeitung* de Berlin, ou encore le *Beobachter* de Francfort, ait présenté à cet égard quelques considérations sensées pour qu'il soit permis de tenir pour ouverte une question à la discussion de laquelle aucun gouvernement soucieux de l'unité allemande ne pourra, au contraire, se prêter de longtemps ; car la possession de l'Alsace-Lorraine forme comme la clef de voûte de l'œuvre unitaire. Il n'y a là-dessus aucune illusion à se faire : l'Allemagne est condamnée à retenir et à défendre par la force ce qu'elle a conquis par la force ; une rétrocession bénévole et amiable, si avantageuse qu'elle pût être et si désirable qu'elle pût lui sembler, serait de sa part un aveu de faiblesse qui équivaudrait à une abdication.

Ces doutes qui, de divers côtés, commencent à se faire jour sur les mérites de la politique de conquête doivent néanmoins être recueillis comme des indices de la lassitude que causent au peuple allemand les charges croissantes qui lui sont imposées par cette politique. Le pays, écrasé par le militarisme et ses exigences, troublé et appauvri par la concurrence de l'industrie alsacienne, désabusé de maints rêves et de maintes illusions, semble bien revenu des farouches élans et des belles audaces que lui avait inspirés une fortune trop vite envolée.

Que nous sommes loin de ces jours d'ivresse où la conquête de l'Alsace-Lorraine apparaissait à quarante millions d'hommes comme le gage et le talisman auxquels était attachée la grandeur de la patrie allemande! Cette terre, prétendue germanique, l'Allemagne en a fait un immense camp retranché sans avoir pourtant réussi à s'y trouver chez elle, tant elle rencontre de résistance patiente et de froide obstination chez ces populations qu'elle revendiquait comme étant de sa propre race.

Voilà plus de neuf ans que persiste ce phénomène inattendu, et il n'a encore rien perdu de son énergie; car ce n'est qu'en dissimulant son action derrière l'équivoque parti autonomiste que l'administration allemande a remporté les quelques succès apparents et tout passagers dont il a été fait si grand bruit. Malgré un régime de savante compression, qui avait soigneusement écarté toute entrave gênante, la force d'expansion et d'assimilation de la race allemande ne s'est révélée en Alsace-Lorraine que par une complète impuissance : c'est là un fait que les

Allemands eux-mêmes, lorsqu'ils sont de bonne foi, n'essayent plus de nier.

Il pourra n'être pas sans intérêt de rechercher les causes générales de l'échec si persistant que l'Allemagne éprouve dans l'œuvre de germanisation de sa conquête : cette étude nous permettra d'entrevoir ce qu'il faut penser des chances de succès qu'offre à la politique allemande le nouveau régime inauguré en Alsace-Lorraine depuis le 1er octobre dernier, sous la haute direction du feld-maréchal de Manteuffel. Les essais de conciliation tentés par cet homme d'État éminent, dont la position est si fort rehaussée par les services rendus à son pays et par la confiance qu'il inspire à son souverain, méritent d'être l'objet d'un examen particulier qui nous occupera dans la seconde partie de notre étude.

II

Quand, il y a bientôt dix ans, la France, épuisée et à terre, n'obtint la paix qu'au prix d'une rançon jusqu'alors sans exemple et de l'abandon de deux de ses plus riches provinces, l'avenir s'ouvrait si sombre pour les vaincus et se levait si radieux pour l'empire germanique naissant, que ceux-là mêmes qui, fidèles à leur foi, s'obstinaient à espérer contre toute espérance et comptaient le plus sur le patriotique attachement qui liait les populations alsaciennes à la France, n'osaient pas attendre d'elles plus de deux ou trois ans de résistance aux moyens puissants que la politique allemande avait tout de suite mis en œuvre pour les germaniser.

De Metz et de la partie française de la Lorraine qui partageaient dans ce déchirement le sort de l'Alsace, nul ne doutait ; mais, disait-on, si quelque retour de fortune, sur lequel il était insensé de compter, ne vient pas promptement défaire cette œuvre édifiée par la force, on verra bientôt l'Alsace devenir aussi allemande qu'elle avait été française jusque-là, et la terre des Kléber, des Kellermann, des Rapp et des Lefebvre confondre librement ses destinées avec celles des vaincus de Valmy et d'Iéna.

Ces prévisions ont été déjouées ; plus de neuf années se sont écoulées, et l'Alsace continue, comme aux premiers jours, à opposer froidement au conquérant une résistance passive que l'habitude a rendue invincible.

On donne ordinairement de ce fait une explication qui n'a rien que de flatteur pour les Alsaciens, puisqu'elle en attribuerait tout le mérite à l'ardeur de leur patriotisme. L'avouerons-nous pourtant ? cette explication nous paraît trop élevée pour être tout à fait satisfaisante.

Certes ce n'est pas nous qui tenterons de contester la beauté du spectacle qu'ils nous offrent, et qui excite les sympathies des uns et les colères des autres ; nous nous reprocherions d'atténuer ce qu'il a de consolant pour ceux qui aiment à se faire de l'espèce humaine une idée assez haute pour croire qu'elle porte en elle quelque chose de mieux qu'une aveugle et passive soumission à la force matérielle et un entrainement instinctif à devenir la complice du succès.

Mais, si large que l'on fasse la part à ces beaux sentiments, qui sont assurément fréquents en Alsace-Lorraine, il convient d'apprécier humainement les choses humaines et de ne point chercher uniquement les causes de cette résistance à la germanisation dans un désintéressement et une patriotique abnégation qui seraient, en vérité, sans précédent dans l'histoire.

C'est affaire aux journalistes et aux politiques en chambre de prêcher la lutte à outrance, en dépit de toute autre considération ; il ne leur en coûte rien, et ils y gagnent, au contraire, matière à de beaux développements et au renom de bons patriotes. Mais, dans la vie réelle, les choses se passent autrement.

Un peuple ne vit pas d'abstractions et ne se nourrit point de phrases. Ils sont rares en tout temps et dans tous les pays les caractères mâles et résolus, prêts à tout sacrifier plutôt que de capituler avec leur conscience, et en Alsace-Lorraine l'émigration, qui a été la conséquence forcée de l'option, a beaucoup réduit le nombre de ces caractères exceptionnels.

Comme l'écrivait Vauban, à propos de la révocation de l'édit de Nantes : «... Les faibles cèdent, se convertissent et supportent volontiers mille maux. Les autres, les énergiques, ceux qui représentent le pays dans ce qu'il a de plus viril, vont porter ailleurs leurs forces et leur industrie. »

Toujours et en tous lieux, la majorité, la foule se compose de neutres, peu portés à se déterminer par de purs sentiments : jamais ils ne s'élèvent bien longtemps ni bien haut au-dessus du terre à terre de l'existence étroite dans laquelle ils sont confinés, et l'indifférence leur tient lieu de philosophie toutes les fois qu'il n'y a pas pour eux d'intérêts personnels en jeu.

Cela est vrai surtout dans un pays de petite propriété comme l'est depuis longtemps l'Alsace, dans une région aussi essentiellement agricole que le ci-devant département du Bas-Rhin, où l'immense majorité de la population est retenue au sol qui l'a vue naître, non pas seulement par l'affection qu'inspire le foyer natal, mais par le sentiment plus tyrannique du propriétaire dont toute la subsistance dépend du modeste champ qu'il cultive de père en fils.

On ne peut se faire une idée juste de l'énergie d'action que ce sentiment devait exercer qu'en sachant à quel degré extraordinaire est arrivé en Alsace le morcellement de la propriété rurale. Lors de l'enquête de 1866, les 560,000 hectares qui forment la superficie totale du sol cultivable de cette province se trouvaient émiettés en 2 millions de parcelles, de 12 ares en moyenne, dans le département du Bas-Rhin, et en 1,600,000 parcelles dans le Haut-Rhin. 180,000 familles (chiffre presque égal à celui des propriétaires fonciers de la Grande-Bretagne tout entière!) se partageaient ces lopins de terre. Sur 67,000 ouvriers agricoles chefs de famille, les cinq sixièmes au moins étaient eux-mêmes propriétaires de parcelles. On comptait alors, dans le Bas-Rhin, sur 277,000 cotes foncières, 67,589 cotes au-dessous de 1 franc, 93,636 de 1 à 5 francs, 40,000 de 5 à 10 francs et 5,000 seulement au-dessus de 100 francs. Dans le Haut-Rhin, sur 174,000 cotes, il y en avait 100,000 inférieures à 10 francs, 52,000 de 50 à 100 francs et 3,200 seulement qui fussent supérieures à 100 francs [1].

Comme le font observer les auteurs à qui nous empruntons ces chiffres et qui avaient personnellement présidé à l'enquête agricole en Alsace, « il serait difficile de pousser plus loin

---

1. MM. TISSERAND et LEFÉBURE, *Étude sur l'économie rurale de l'Alsace*; Paris, 1869, chapitre VI.

l'émiettement du sol », et cependant depuis 1866, cet émiettement a encore progressé par l'effet naturel des partages entre héritiers et de l'aisance (je parle d'autrefois !) du cultivateur alsacien, qui ne laissait échapper aucune occasion de satisfaire sa passion innée pour la propriété foncière.

Il n'est sans doute pas besoin de faire ressortir les facilités que, sans compter tant d'autres chances favorables, cette situation de la propriété rurale en Alsace offrit à l'action administrative pour tenter de gagner des populations ainsi rivées en quelque sorte sur le territoire et dont l'horizon et les rêves s'arrêtaient aux limites de leur champ et au clocher de leur village.

Cependant, même dans ces campagnes d'Alsace, pour lesquelles le français n'a jamais cessé d'être une langue étrangère et qu'on représente parfois comme le mieux converties à leur nouvelle destinée, l'administration allemande ne peut encore, après dix ans d'efforts continus, se vanter d'avoir remporté que ce qui s'appelle par euphémisme des « succès d'estime ». Le régime allemand y est subi plutôt qu'accepté ; nulle part il ne s'est fait ni apprécier ni aimer.

C'est que l'Allemagne, dans la voie où elle s'est engagée, depuis l'heure fugitive et déjà lointaine où la victoire et la fortune l'ont comblée, renonçait pour elle-même et pour tous ceux qui partageraient son sort à la possibilité de satisfaire de longtemps les besoins de la vie économique et sociale d'un grand peuple.

Si, toute-puissante et séduisante qu'elle parût, elle s'est montrée incapable de s'assimiler les Alsaciens qu'elle avait revendiqués comme frères, il faut chercher la cause première de l'avortement des multiples efforts qu'elle a tentés jusqu'ici et qu'elle pourra tenter encore pour essayer de germaniser sa conquête, dans la poursuite où elle s'est engagée d'un idéal historique tout à fait vide de sens pour les Alsaciens et pour les Lorrains. Idéal décevant, qui lui a fait à elle-même lâcher la proie pour l'ombre et abandonner un présent tolérable et approprié à son génie, pour essayer de renouer la chaîne des temps et faire revivre, sous les Hohenzollern, au prix même de ses libertés, de sa tranquillité et de son bien-être, les beaux jours de l'empire des Hohenstaufen.

III

L'incompatibilité radicale et profonde qui éloigne l'Alsace-Lorraine de l'Allemagne, la cause de divergence qui domine et embrasse toutes les autres, c'est qu'avec ses tendances actuelles, l'Allemagne moderne n'a rien d'une nation moderne.

Le mouvement qui l'emporte d'une si irrésistible façon dans l'orbite de la Prusse n'a rien de celui d'un peuple qui secoue ses entraves pour s'avancer vers un avenir meilleur et plus conforme à ses besoins. L'Allemagne s'efforce au contraire très délibérément de retourner le plus qu'elle peut vers le passé, par pure dévotion à ses traditions de race.

C'était là au surplus la conséquence logique et forcée du mouvement tout historique qui l'a jetée dans les bras de la Prusse, à qui elle doit d'avoir vu le jour du triomphe.

Il y a quinze ou vingt ans, l'Allemagne était heureuse, heureuse du moins de ce bonheur qu'on attribue aux peuples qui n'ont pas d'histoire, vivant à leur guise, se développant librement selon leurs aptitudes et leur génie, sans jeter grand éclat, mais assez sages pour dédaigner la gloire, et se dédommageant des vaines satisfactions qu'elle procure et fait payer si cher à ses adorateurs, par la jouissance des biens et des avantages plus réels qu'assurent des budgets équilibrés, des impôts modérés et des gouvernements paternels, qui, dégagés des soucis de la haute politique et confiés à des princes éclairés, n'avaient pas de plus chère préoccupation que de faire fleurir chez eux les sciences, les lettres, les arts, les bonnes mœurs et de faire grand dans la mesure de leurs petits États.

Tant de félicité laissait aux Allemands le loisir de rêver, et ils s'avisèrent de rêver grandeurs. Ils se sentaient humiliés de ne compter pour rien dans le monde de la grande politique et méditaient cette légende qui annonçait le relèvement de leur race quand se réveillerait Barberousse, qui dormait depuis plus de six siècles au fond d'une grotte de Thuringe.

Leur idéal était tout historique, tout métaphysique pourrait-on dire, et tout symbolique : ils aspiraient à voir — comment ? personne le savait au juste ! — la race germanique arriver par le rétablissement de l'empire de Charlemagne et des Hohenstaufen et l'écrasement de la civilisation latine, à cette unité si souvent désirée et dont ils faisaient dépendre l'accomplissement de la mission civilisatrice pour laquelle ils se croient nés.

Leurs âmes impressionnables étaient dévorées par une indicible *Sehnsucht* : non contents d'être *quelqu'un*, ils aspiraient à devenir *quelque chose*, et pour réaliser ce rêve, auquel se rattachaient pour eux les promesses de l'âge d'or, ils étaient prêts à tous les sacrifices.

On sait le rôle considérable que l'école historique allemande a joué pour préparer de longue main cette évolution. Aux élans farouches des Arndt, des Rückert et des Kœrner avait succédé une propagande scientifique moins bruyante et moins vive, mais plus efficace. Pendant cinquante ans, historiens, géographes, linguistes, philologues, lexicographes, ethnographes, anthropologistes, archéologues se sont employés à l'envi, chacun dans sa spécialité, à délimiter la sphère du pangermanisme et à dresser le bilan de ses revendications.

Ils y ont apporté une conscience et un esprit de suite véritablement germaniques et n'ont rien laissé traîner, dans cette œuvre patiente de redressement et de démarquage, conçue au point de vue teuton. A l'Europe, ils ont pris Charlemagne, Shakspeare à l'Angleterre, l'art gothique à la France, à l'Inde la race blonde des Aryas et le sanscrit, qui n'est, comme chacun sait, que du tudesque qui s'ignore.

> . . . . Cette histoire,
> Enfants, il ne faut pas la juger, mais la croire.

L'Allemand a toujours eu un faible pour les contes de nourrice, et sa manie historique paraissait au demeurant assez inoffensive. Qui donc, à l'ouest du Rhin et au sud du Danube, se soucie aujourd'hui d'Arminius, des Chérusques et des Marcomans et, à part peut-être quelques lycéens qui rêvent pendant les trois premiers mois de l'année scolaire aux voluptés de l'orgie traditionnelle du 28 janvier, qui donc s'avise de mêler le souvenir de Charlemagne aux choses du jour? La Prusse, aidée de ses docteurs, pouvait en prendre d'autant plus à son aise en ces matières, qu'elle était excusable de mal les connaître, n'étant pas encore née quand tout cela se passa.

Ce fut en effet un mouvement tout prussien, conçu dans l'esprit prussien, au sein des universités, qui ont toujours été pour la Prusse les principaux laboratoires de sa politique et de sa puissance. Ce que Berlin et Kœnigsberg et, un peu plus tard, Bonn avaient opéré dans ses propres provinces, les élèves formés à ces deux écoles sont allés le répandre dans le reste de l'Allemagne. Après que ces missionnaires d'un genre nouveau, envoyés partout, de Kiel à Tubingue et de Heidelberg à Leipzig, eurent préparé les voies, tantôt en exaltant par leurs enseignements le sentiment national, tantôt en l'humiliant surtout par le spectacle de l'abaissement et de l'impuissance où il était tombé; après que les doctrines de cet évangile nouveau, mises à la portée des humbles et des petits, se furent infiltrées pendant un demi-siècle jusque dans les moindres écoles de village et les hameaux les plus reculés, la Prusse entra en scène.

Si peu Allemande elle-même, elle connaissait bien les Allemands. Elle savait que, pour donner à ce peuple la cohésion et la force d'impulsion dont il avait si longtemps manqué, pour arriver à le grouper et à le mettre d'accord, c'était mal s'y prendre que de lui faire discuter des articles de constitution, comme l'avait assez fait voir l'avortement des tentatives de 1848 à 1850, et que le vrai moyen de réunir en un seul corps cette nation de quarante millions d'individus, capable de fournir au besoin deux millions de soldats, c'était de lui promettre une satisfaction historique, greffée sur l'espoir d'une revanche séculaire à remporter sur l'ennemi héréditaire.

Avec l'orgueil de race, il fallait trouver un prétexte pour émouvoir en lui le patriotisme de tribu, fait de haines, de jalousies et de rancunes, le seul dont soient encore capables les Allemands, qui ont vécu trop divisés, trop étrangers à eux-mêmes pour concevoir cette forme plus élevée et vraiment moderne d'un patriotisme fondé sur l'émulation et sur des sentiments généreux et humains.

L'Allemagne en est toujours à la formule d'Arndt : *Où est la patrie de l'Allemand ? — Aussi loin que la langue allemande résonne et que le nom français est exécré.* Aussi était-ce un programme d'un singulier attrait pour tout cœur allemand, celui que proclamait la politique prussienne de poursuivre l'écrasement de la France, tenue pour ennemie héréditaire en vertu d'une accumulation artificielle de griefs remontant jusqu'aux temps de Charles d'Anjou et de Louis XI, de lui arracher des « frères allemands » qu'elle retenait captifs et de fonder sur ses funestes ruines le triomphe du germanisme sur le romanisme personnifié dans la race latine.

C'est à réaliser cette troisième partie du programme que l'Allemagne travaille depuis neuf ans, sans grand succès jusqu'à présent.

La Prusse s'en désintéresse ou se tient tout au moins discrètement à l'écart, et elle a pour cela ses raisons. Elle a rempli sa tâche nationale et accompli la partie essentielle de son œuvre, en rendant aux Allemands le service de refaire à sa propre taille l'empire de Barberousse et de réveiller Teutonia. A eux maintenant de régler les menus détails du ménage. Elle s'en voudrait de paraître contrarier les « aspirations » allemandes, dont elle a toujours eu grand soin de distinguer son intérêt propre : intérêt et aspirations peuvent parfois marcher de conserve, mais ils ne se confondent jamais, car la Prusse, qui sait nettement ce qu'elle veut et où elle va, a mieux que des inspirations, et n'a de goût que pour le réel, le tangible, le palpable.

M. de Bismark, qui dirige en sceptique une politique un peu mystique qui plaît aux âmes allemandes, aime à se dire Prussien avant tout. Il a fait attribuer à son maître l'empire, déclaré héréditaire dans la maison de Prusse, et le commandement suprême des troupes confédérées ; cela lui suffit, car il est sûr avec cela que rien d'allemand ne pourra désormais l'entraver dans ses plans. Il s'est réservé à lui-même la politique extérieure, qui se résume à entretenir la haine de la France et à ne pas reculer devant des puérilités et des erreurs politiques pour satisfaire cette passion allemande, si utile aux visées prussiennes.

Quant au reste, et tant que l'intérêt prussien n'est point directement en jeu, c'est affaire aux Allemands eux-mêmes de l'arranger, à l'aide des lumières des représentants des États au Conseil fédéral et des députés de la nation au Reichstag.

IV

Alors devait se révéler une fois de plus l'impuissance bien réelle et maintes fois constatée de ce peuple méditatif à sortir des formules pour entrer dans les faits et à savoir sacrifier ou adapter ses théories aux nécessités de la vie pratique.

C'est là un des côtés les plus marquants du génie de la race germanique : autant elle est hardie dans ses conceptions, autant elle a toujours été inhabile à les réaliser et incapable d'en déduire les conséquences applicables à l'organisation sociale. La réforme de Luther en est un exemple fameux : tandis que ce grand mouvement d'émancipation, sorti de la cellule d'un moine saxon, transformait l'Angleterre et préparait la puissance des États-Unis d'Amérique, l'Allemagne elle-même n'en a retiré que l'anéantissement politique où l'a plongée la guerre de Trente ans et n'en retient aujourd'hui que le joug tyrannique d'une étroite orthodoxie.

Aussi longtemps que l'Allemagne est restée divisée et morcelée, elle aimait à porter au compte de son impuissance politique cette incapacité à s'organiser et à faire sentir au dehors ce qu'elle vaut. Maintenant que la voilà puissante et redoutée entre toutes, cette même incapacité subsiste, puisque le monde entier, l'Alsace-Lorraine surtout, est encore à attendre des marques de la force d'expansion et de l'influence morale et sociale de cette nation à laquelle son sort est lié désormais.

Cette inaptitude des Allemands à se constituer en un corps social tient, en effet, à des causes tout autres et plus profondes que celles qui résultaient de son ancien émiettement politique.

La principale de ces causes, c'est que, n'ayant vécu, à aucune époque de son histoire, de la vie sociale d'un grand État, l'Allemagne est restée étrangère à cette lente élaboration qui a engendré, par des transformations successives, les conditions d'existence des nations modernes. Elle-même n'a jamais formé, comme peuple, qu'une juxtaposition confuse d'intérêts de clocher, toujours jaloux, souvent contradictoires.

Aussi les éléments de l'existence sont-ils restés chez elle essentiellement simples, et avec eux les formes sociales ; car seule la lutte ardente pour l'existence au sein d'une société parvenue à toute l'intensité de la civilisation et de ses exigences soulève les problèmes graves et compliqués dont la solution pressante s'impose, au jour le jour, à l'homme d'État et au législateur.

L'Allemand s'est de tout temps volontiers contenté de ces franchises locales et de ces libertés bourgeoises qui florissaient particulièrement au moyen âge et que ses gouvernants ne lui ont jamais marchandées. Elles suffisent à l'épanouissement de son individualisme, qui forme l'essence même de ce peuple, et dont le particularisme et le fédéralisme ne sont que des variétés, où se reflète encore la même et perpétuelle distinction, si foncièrement germanique, entre le *moi* et le *non-moi*.

Cette existence fermée, repliée sur elle-même, jointe aux goûts simples et à l'humeur résignée des Allemands, ainsi qu'à une vie suffisamment large et facile sans grands tracas, n'était pas faite pour susciter une véritable classe moyenne, au sens politique du mot, parvenue à l'aisance par son propre labeur, à l'indépendance par ses propres efforts et à la perception nette des nécessités sociales et des sacrifices qu'elles exigent par le souvenir des luttes qu'il lui a fallu soutenir. Ce ne sont point là choses allemandes.

Quand l'Allemand étouffe ou meurt de faim chez lui, il émigre : — quitter ses foyers pour aller chercher fortune à l'étranger ne coûte pas à ces populations, qui ont conservé, avec les vertus prolifiques d'une race jeune, cette facilité de déplacement que d'aucuns admirent et qui n'est pourtant qu'un dernier vestige de l'état nomade.

D'un autre côté, cet éparpillement de la race en cent groupes politiques divers a empêché qu'il ne s'en dégageât une véritable opinion publique.

En Allemagne, l'opinion publique est nulle ou tout au moins inerte. Le flot allemand ne *porte* pas : la haine de l'étranger, la peur de l'envahisseur, peuvent bien le soulever momentanément; mais, rendu à lui-même, il s'abîme sous son propre poids et se neutralise par sa propre action.

Ceci est un reste de l'esprit féodal, dont les Allemands sont encore tout imbus. Bœrne a dit d'eux que, « quand ils sont douze ensemble, ils forment une douzaine, et que, si un seul les attaque, ils appellent la police ». Ne reconnaît-on pas dans cette incapacité de s'assister, de s'entr'aider, comme aussi dans ces habitudes d'espionnage et de délation, considérées comme l'accomplissement d'un devoir civique, un héritage traditionnel des mœurs d'une époque où le manant se donnait corps et âme à son burgrave, qui lui promettait en retour aide et protection ? Et n'est-ce pas, d'autre part, un reste aussi de l'esprit du vieux temps que ce culte de la force physique et ce respect de l'argent, que les Allemands confondront toujours dans une même dévotion, comme les confondait leur vieille langue dans le même mot : *reich*, qui voulait dire tout à la fois riche et puissant ? C'est très sincèrement qu'ils n'ont rien compris à l'élan — qu'ils tenaient pour folie — des Alsaciens et des Lorrains préférant courir au-devant de la misère et de tous ses risques plutôt que de se jeter dans les bras d'un vainqueur triomphant et chargé de butin.

Restés sujets, ils ne perçoivent encore que confusément ce qui leur manque pour devenir des citoyens. La classe des producteurs, qui est le fondement même des sociétés[1], car elle contribue le plus efficacement, par intérêt propre, à la prospérité matérielle des États, est encore, en Al-

---

1. C'est là une opinion déjà bien vieille, du moins en France
l y a près de cinq cents ans qu'Alain Chartier mettait dans la

lemagne, dominée et refoulée par la noblesse, militaire ou terrienne, et par cette foule de théoriciens, professeurs et docteurs, sorte de clergé laïque, que les universités épanchent sur le pays en flots intarissables.

Quand il s'est agi de régler l'ordre de choses nouveau dont l'incubation était due à ces mêmes universités, rien n'a paru plus naturel que de s'en remettre surtout aux docteurs du soin d'organiser la « grande Allemagne » qu'ils avaient inventée.

Par malheur, la profondeur dont ils font profession est singulièrement dénuée de sens pratique. Ayant ouï dire que la vérité habite au fond d'un puits, chacun parmi eux creuse son trou dans l'espoir de l'y découvrir; mais, quand d'aventure quelque événement les rappelle à fleur de terre, les réalités du monde extérieur les déconcertent, et tout leur apparaît si inattendu et si neuf, qu'il leur arrive, dans leurs étonnements, de s'élancer bravement à la découverte de la

---

bouche du « povre commun et povres laboureurs » cette menace à l'adresse des seigneurs :

> Sur vous tomberont vos maisons,
> Vos chasteaux et vos tènements,
> Car nous sommes vos fondements.

(M. BAUDRILLART, *la Normandie*, p. 64.)

Méditerranée. Que de terres inconnues se sont ainsi révélées à eux en Alsace-Lorraine !

Leur soin le plus pressé est de tout ramener d'abord à un système ; ce n'est pas un Allemand qui se fût jamais avisé de démontrer le mouvement en marchant. Ils se cantonnent dans l'absolu des formules, alors que tout, dans la vie sociale, tend de plus en plus à devenir relatif, à mesure que les intérêts s'entre-croisent et que l'organisme se complique. Il était digne d'eux d'imaginer ce qu'ils appellent le socialisme de la chaire, croyant qu'il suffirait pour vaincre l'hydre de l'enfermer dans quelques théorèmes.

Le moindre défaut de leurs conceptions est de n'être point prises dans la vie réelle, de n'être pas *vécues*. Impuissants à pratiquer leurs maximes, ils sont d'autant plus prompts à maximer leurs pratiques et à les faire passer pour la vérité même : au lieu de législateurs, ils se font glossateurs.

Ne sachant innover, ils ont refait : c'était, au reste, la conséquence naturelle de leur éducation historique, qui leur montre l'idéal de la grandeur allemande non point dans l'avenir, mais dans le passé.

La consécration du succès donnée par la victoire à leurs enseignements leur tient lieu de preuve de la supériorité de la civilisation allemande. De l'Allemagne triomphante devait découler le triomphe du germanisme.

Tout, jusqu'aux curiosités sympathiques des Français pour un état social si différent de leur rigoureuse centralisation, confirma l'Allemagne dans sa foi en sa mission : elle se plaisait à voir dans ces éloges un hommage involontaire que rendait la corruption latine à la suprématie morale, intellectuelle et sociale de la race germanique.

« Tout refaire à l'allemande » est ainsi devenu la devise des patriotes de l'école de M. Treitschke, sans que personne s'avisât de se demander si ce ne serait pas refaire beaucoup de choses contre le sens commun.

J'insiste sur ce point, car c'est là même qu'est le nœud des insolubles conflits d'intérêts et de bien des malaises que l'introduction du régime allemand a causés en Alsace-Lorraine.

Ce régime a commencé par faire une sotte guerre — que M. de Manteuffel dit regretter — à la plupart des institutions et des usages que cette province tenait de la France, sans examiner si ces choses qu'il extirpait ainsi avec ardeur, comme étant d'origine « latine », ne seraient point par hasard la formule la moins imparfaite des exigences des sociétés modernes et des nécessités économiques des peuples civilisés, quels qu'ils soient.

Dans leurs enfantines préoccupations de suprématie de race, les Allemands oublient trop qu'encore aujourd'hui c'est de la civilisation latine que leur vient tout ce qui leur permet d'entrer en communication régulière avec le reste du monde, comme l'attestent surabondamment leur langue savante, qui, plus qu'en un autre pays, est demeurée le latin ; leur langue commerciale, dont la terminologie est tout italienne ; leur langue militaire enfin, qui est du français à peine travesti, comme l'est aussi leur langue ou plutôt leur jargon du bon ton et des belles manières.

Faire à l'allemande est synonyme de retourner au gothique, car l'Allemagne proprement dite est restée gothique jusque dans ses moelles, non pas seulement par l'écriture et la lettre moulée, mais par ses mœurs, ses idées, ses goûts, ses coutumes et sa législation. Étant en Europe la nation qui s'y est le plus longtemps attardée, elle a fini par se persuader que le gothique est d'essence germanique, et le tient pour la portion la plus précieuse de son patrimoine.

Un instant, par l'influence du grand Frédéric, ayant fait un effort, elle s'est élevée jusqu'au rococo ; 1830 et 1848 lui avaient rendu le service, aujourd'hui méconnu, de la débarrasser d'une partie de ses bandelettes ; le désir de redevenir fidèle aux traditions de sa race la pousse à s'y enserrer plus que jamais.

J'en vais donner une preuve curieuse et toute récente, que fournissent les nouvelles lois judiciaires, dont l'application en Alsace-Lorraine sera longtemps pour ces contrées une cause de trouble et de perturbations profondes.

V

L'unité d'organisation de la magistrature et l'uniformité de procédure devant les tribunaux comptent assurément au nombre des premiers besoins d'un État qui aspire à se constituer en corps social, puisque, sans la garantie d'une bonne justice, il n'est pas d'intérêts privés qui ne restent livrés à tous les hasards.

Pour l'Allemagne en particulier, où s'était développée et perpétuée en cette matière la plus extravagante bigarrure, peu de réformes étaient plus désirables et plus urgentes.

Il convenait de procéder à cette réforme avec décision et netteté, si l'on voulait rendre au pays l'inappréciable service — dont l'esprit de routine pouvait bien gémir, mais dont la nation entière n'aurait pas tardé à reconnaître les bienfaits, — de débarrasser l'Allemagne unifiée de l'amas contradictoire et confus d'institutions judiciaires qui remontaient, de degré en degré, jusqu'à l'antique justice patrimoniale vantée par Tacite, et qui ne variaient pas seulement d'État à État ou de province à province, mais parfois de canton à canton et même de ville à ville.

Le mouvement libéral de 1848 avait élagué de quelques timides coups de cognée cet inextricable fourré féodal qui servait de refuge à tout un monde de parasites ; mais la vigoureuse végétation allemande avait vite recouvert de ses lianes ces rares éclaircies, tant l'Allemand se plaît toujours et en toutes choses sous l'ombre de la feuillée touffue.

Maintenant que l'Allemagne, groupée en une seule famille, semblait ne plus rencontrer aucun obstacle qui l'empêchât de se donner des lois communes à toute la nation et qui fussent en harmonie avec ses vrais besoins, c'était le cas ou jamais d'interroger d'un esprit dégagé et « objectif » la masse des documents accumulés de nos jours par les travaux de législation comparée, afin d'y puiser les principes reconnus pour s'adapter le mieux aux mœurs et aux usages des sociétés modernes, où le travail productif et libre a fait naître d'autres besoins que n'en comportait le régime des castes et des privilèges.

Sous ce rapport aussi, la législation française, étant la plus récente dans son ensemble et peut-être la moins imparfaite, pouvait utilement servir tout au moins de modèle, dans sa conception claire, simple et harmonique. Elle avait, d'ailleurs, le mérite de n'être pas tout à fait étrangère à l'Allemagne, puisque, longtemps avant l'annexion de l'Alsace-Lorraine, elle était demeurée en vigueur sur les deux rives du Rhin et qu'elle a régi, jusqu'à ces derniers mois, une population compacte de dix à douze millions d'âmes, groupée des confins de la Hollande aux confins de la Suisse, dans les provinces qui comptent incontestablement au rang des plus industrieuses, des plus prospères, des plus éclairées et, pour tout dire, des plus civilisées du nouvel empire.

La preuve était donc faite que cette organisation judiciaire, quoique d'inspiration française, s'adaptait fort bien aux exigences du « génie germanique », et que, si les habitants de Cologne s'en louaient, il n'y avait aucune raison plausible pour que ceux de Rostock ou de Gumbinnen ne pussent pas s'y faire. Son seul vice, vice irrémédiable, était d'être dans ces régions un reste de l'influence française : c'était assez pour la faire condamner sans merci.

Où est aujourd'hui le docte Allemand qui hésitera, ayant la liberté du choix, à sacrifier le simple et le pratique, réclamés par l'intérêt commun, à la satisfaction toute scientifique de remonter aux sources, d'interroger les lois barbares, les Capitulaires de Charlemagne et les miroirs de Saxe et de Souabe, afin de pouvoir se dire que toutes les parties de l'œuvre à laquelle il a eu la fortune de collaborer trouvent leur justification dans les pures traditions de la race germanique, « arrivée pour la première fois à la plénitude de la conscience de son *moi* » ?

Aussi, un premier projet, élaboré par une commission spéciale de jurisconsultes et de magistrats et approuvé par le conseil fédéral, n'eut-il pas l'heur d'agréer à la commission des juristes du Reichstag, qui ne consacra pas moins de cent soixante-quatorze séances à essayer de le rendre « historiquement » irréprochable ; mais, comme, du même coup, il était devenu absolument incohérent, praticiens et historiens ne réussirent à se mettre finalement d'accord qu'à l'aide d'un « compromis », ce qui est la pire façon de faire de bonnes lois organiques.

Nous n'entendons pas entreprendre ici l'examen critique des nouvelles lois judiciaires allemandes. Le seul point qui nous intéresse est de rechercher si, dans cette circonstance encore, les Alsaciens-Lorrains ont sujet de se féliciter de faire partie d'une nation qui se donne de telles lois et s'il n'en résulte pas plutôt pour eux un retour en arrière qui les fait, comme presque en toute chose, rétrograder de plusieurs générations, sinon de plusieurs siècles.

Citons d'abord, pour n'avoir plus à y revenir, quelques points de détail.

Les innovations imposées par ces lois n'ont rien laissé subsister en Alsace-Lorraine, ni au civil, ni au criminel, du parallélisme établi par la législation française entre la division judiciaire et la division administrative du pays, ainsi que dans l'échelle de la compétence et des recours, suivant la nature des affaires ou des infractions.

Sous prétexte de décentraliser la justice, en rapprochant le juge du justiciable, et de faire retour à la pure doctrine germanique du juge unique, les justices de paix ont été érigées, sous le nom de tribunaux de bailliage, en véritables tribunaux de première instance. Ces tribunaux constituent le vrai pivot de l'organisation nouvelle, car leur action ne reste pas limitée aux menues affaires civiles, mais s'étend au jugement des délits les plus fréquents, moyennant l'adjonction de bourgeois qui, sous le nom d'*échevins*, assistent le juge ou bailli, non pas comme jurés, mais comme assesseurs.

Cette réminiscence du droit carlovingien a été introduite dans la loi sur la proposition du docteur de Schwarze, député au Reichstag et procureur général du royaume de Saxe, qui a consacré toute une existence déjà longue à plaider la cause des échevins. Je ne vois que lui qui puisse nous dire si ce sont les *scabini* des Capitulaires ou les *rachimbourgs* du droit franc qui lui ont suggéré l'idée de cette restauration. La chose, au surplus, importe peu ; ce qui est sûr, c'est que l'institution fonctionnait déjà à Strasbourg même, il y a juste neuf cents ans, exactement comme elle vient d'être rétablie depuis six mois.

Voici, en effet, comment s'exprime le premier statut municipal octroyé à la commune de Strasbourg en l'an 982 :

« Le bailli connaîtra des vols, injures et dettes pécuniaires ; il s'adjoindra deux juges ou échevins qui devront être gens probes, afin que tout bourgeois puisse comparaître avec respect devant cette juridiction. » Et le document ajoute : « Le lieu des assises du bailli et des échevins est la place publique ; l'huissier ira, nommant le demandeur, sommer de vive voix le défendeur à comparoir, partout où il le pourra rencontrer. »

La poste aux lettres ayant été inventée depuis le
x° siècle, et étant même devenue depuis peu, en
Allemagne, institution de l'empire, qui en retire
d'appréciables ressources, le législateur moderne a
imaginé de faire concurrence aux huissiers en
permettant de remplacer, pour les assignations, la
citation « parlant à la personne », par l'envoi d'un
pli chargé, ce qui peut s'appeler faire la part du
progrès et du budget ; — mais il a été décidé en
même temps qu'échevins et baillis tiendront
périodiquement des audiences ambulantes ou
foraines, hors du lieu ordinaire de leur siège.
Grâce à ce retour inattendu à des mœurs d'un
autre âge, on va revoir sans doute les plaideurs
s'ajourner sur la place publique du village voisin,
à l'heure de l'arrivée du train ou de la « correspon-
dance » qui amènera ces juges pédanés, et l'antique
expression : « Attendez-moi sous l'orme, » repre-
nant toute son actualité, cessera d'être en Alsace-
Lorraine une simple façon de se moquer des gens.

Ces sortes de choses ne se voyaient plus guère
que dans les opérettes; mais, au fond, ce n'est
qu'un pli à prendre, des habitudes à changer, une
éducation moyen âge à refaire. L'inconvénient
serait minime si à ces restitutions bizarres ne
s'ajoutaient des retours à l'antique d'une bien
autre gravité et qui ne peuvent s'expliquer, de la

part de législateurs faisant profession d'hommes éclairés et sérieux, que par une véritable frénésie archéologique.

Désormais en Alsace-Lorraine, comme dans l'Allemagne entière, la preuve testimoniale l'emportera sur tout autre moyen de preuve, même sur celle résultant de contrats passés devant notaire, tout comme si nous vivions encore au bon temps où l'écriture était restée le privilège des clercs. Ce régime, auquel l'Allemagne retourne sans paraître en soupçonner les vices et les dangers, a été aboli en France depuis plus de trois siècles, par l'ordonnance de Moulins, de 1566.

D'un autre côté, la nouvelle législation allemande n'admet et ne reconnaît, comme sûreté et garantie des conventions, d'autre privilège que celui que procurera le gage réel. — Ici, le législateur de la moderne Allemagne revient tout uniment au droit rudimentaire que les invasions des barbares avaient substitué à la loi romaine, à une époque de violences, où le pouvoir social, morcelé et sans force, impuissant à garantir et à faire respecter les droits et les intérêts légitimes de chacun, devait se résigner à laisser aux individus le soin de se faire justice.

C'est l'application aux intérêts privés de la maxime : « La force prime le droit, » et de l'aphorisme : *Beati possidentes,* tous deux si profondément germaniques. Il y a déjà longtemps que Visigoths, Bourguignons et Lombards obéissaient à ce même instinct qui pousse l'Allemand à prendre des sûretés réelles, à faire peu de cas des promesses et des simples écrits, — rappellerons-nous l'article 5 du traité de Prague ? — et à ne tenir pour acquis que ce qu'il tient sous son poing.

Mais on devine ce que va devenir le crédit, par ce retour aux usages d'une époque où l'autorité de la loi et la foi aux contrats n'étaient que de vains mots, et comment cet instrument délicat, d'invention toute moderne, s'accommodera malaisément d'un régime n'offrant d'autre garantie à l'exécution des conventions entre particuliers que le prix de la course assuré au créancier le plus agile et le plus intraitable.

Ou bien la constitution d'un gage deviendra l'accompagnement obligé de tout contrat, ce qui sera étouffer dans son germe la force d'action et l'élasticité que le crédit procure à la fortune publique et privée dans toute société bien organisée ; ou bien le débiteur, auquel le juge n'a plus même le pouvoir d'accorder aucun délai pour acquitter sa dette, cherchera le plus vite possible son refuge dans sa mise en faillite, rendue par le législateur aussi séduisante que possible, comme je le montrerai tout à l'heure, et qui est devenue accessible même aux non-commerçants.

C'est au point que le Landesausschuss, qui en cela a vu certainement trop en noir, a exprimé la crainte qu'en Alsace-Lorraine les greffiers de justice de paix ne pussent plus suffire à l'énorme besogne de l'apposition des scellés et qu'il a proposé d'y employer aussi les huissiers, privés tout à la fois d'occupations et de ressources par la concurrence que va leur faire l'administration impériale des postes!

Telles sont quelques-unes des principales innovations que les lois judiciaires allemandes viennent d'introduire en Alsace-Lorraine. Je n'en finirais pas si je tentais d'énumérer toutes les objections que soulève en foule cette législation, qui semble avoir pris à tâche de ressusciter des vieilleries si bien oubliées, qu'on a perdu jusqu'au souvenir des inconvénients et des vices qui, sauf peut-être dans quelques cantons de l'Allemagne, les avait fait universellement abandonner.

Oh! les intentions des auteurs de cette scrupuleuse restauration d'après l'antique étaient assurément excellentes, mais il semble qu'ils aient trop identifié dans leur esprit l'Allemand de nos jours avec le vertueux Germain de Tacite. N'est-ce pas, par exemple, se faire de la moralité

allemande une idée un peu exagérée que d'espérer
que la menace des peines du faux serment ou de
la subornation de témoins suffira toujours pour
empêcher les plaideurs d'abuser de l'étrange libéralité avec laquelle la preuve testimoniale est admise?

Semblable illusion avait déjà égaré, en 1871,
les rédacteurs du code pénal allemand, si bien
qu'on agite aujourd'hui, avec un parfait sérieux,
la question du rétablissement des peines du fouet
et de la bastonnade, comme vrai remède à l'in-
suffisance croissante des prisons qu'encombre
une population de pensionnaires encouragés à la
récidive par les misères du temps et par une loi
pénale trop bénigne. A cet égard, la nouvelle
organisation judiciaire aura du moins d'utiles
effets, car elle a prescrit la création d'une prison
auprès de chaque tribunal de bailliage, disposition qui a valu à l'Alsace-Lorraine un supplément de soixante-seize maisons d'arrêt toutes
neuves, dont la construction a été mise à la
charge des communes.

Je ne voudrais pas fatiguer le lecteur en m'at-
tardant outre mesure sur ce sujet un peu ardu.
Toutefois, pour un pays comme l'Alsace-Lorraine,
qui a si longtemps joui des bienfaits de la législation française, et où, par le développement de

la vie économique et sociale et grâce au morcellement de la propriété, les transactions sont nombreuses et les intérêts multipliés à l'infini, la question est de trop d'importance, et les bouleversements qui seront la suite inévitable de l'organisation judiciaire nouvelle sont trop menaçants pour que je ne signale encore quelques-unes de leurs plus funestes conséquences.

L'esprit processif va se réveiller et se développer en proportion de la multiplication des tribunaux, qu'une fausse idée de décentralisation met davantage à portée des plaideurs.

Dans les campagnes, le rôle diminué qui est fait aux notaires, jusque-là conseils et confidents des familles, et maintenant réduits, ou peu s'en faut, au rôle de simples scribes par la moindre autorité qui s'attache désormais aux actes dressés par eux, ouvre la lice à des concurrents au rabais, sans expérience ni moralité, qui exploiteront d'autant plus aisément l'innocence des gens simples, que la langue allemande est propice aux obscurités et aux ambiguïtés, que l'appel est indéfiniment admis et comprend trois degrés, et que, par la disparition complète pour un long temps du bienfait, si hautement reconnu en Alsace-Lorraine, où les procès étaient devenus rares, d'une jurisprudence solidement assise et nettement établie, il n'est pas si mince question qui ne redevienne pour la mauvaise foi une source intarissable de contestations.

C'est dans des circonstances semblables qu'au xv° siècle, le roi Louis XI se plaignait qu'en l'absence d'un droit certain, les gens d'affaires pussent se livrer « sans frein et sans contrôle à toutes les *pilleries* ». Tel est, en effet, tout le fait prévoir, — et, signe caractéristique, ce sont surtout les juges allemands établis dans le pays qui l'appréhendent et le déplorent, — l'avenir que la nouvelle organisation promet à l'Alsace-Lorraine.

Le salutaire contrôle confié par la loi française au ministère public a cessé de s'exercer ; ce sont les parties elles-mêmes et non le juge qui dirigent la procédure ; les questions de compétence sont, par l'introduction de procédures spéciales, devenues d'une complication singulière ; il n'existe plus rien de cette exacte symétrie et de cette sage ordonnance qui introduisent dans les institutions un si grand élément de clarté, et dans cet épais fourré les arrangeurs d'affaires pourront braconner à leur aise aux dépens des gens naïfs et de bonne foi.

Le seul frein que le législateur ait imaginé, dans sa sagesse, de mettre aux abus trop certains auxquels prête son œuvre est la majoration des frais de justice dans une proportion si considérable qu'elle soulève déjà de toutes parts, après moins d'un an d'expérience, les protestations les plus vives. En Alsace-Lorraine, le produit de ces frais et amendes, qui, jusqu'à l'an dernier, n'a valu au Trésor, tant que le tarif français était resté en vigueur, qu'un revenu annuel d'environ 100,000 francs, est estimé au budget de l'exercice courant à la somme de 2,152,000 francs.

Ce n'est pas tout : par une conception tout à fait ingénieuse, on est parvenu, en multipliant les cas où les annonces judiciaires sont prescrites, à créer indirectement, sans bourse délier, dans toute l'étendue de l'empire, une sorte de « fonds des reptiles » au profit des journaux bien pensants. Ce ne sera point là pour eux une médiocre ressource, si j'en juge par une de ces annonces que j'ai sous les yeux et qui notifie publiquement à l'intéressé, en *quarante-cinq* lignes de texte, une condamnation à *un jour d'arrêt* pour tapage nocturne !

VI

Ce que l'Alsace-Lorraine gagnera à la nouvelle organisation judiciaire allemande est difficile à imaginer et impossible à dire ; ce qu'elle y perd n'est malheureusement que trop manifeste. Si cette organisation peut être acceptée comme un réel progrès par les régions qui, comme le Mecklembourg, se trouvaient de deux cents ans en retard sur toutes les institutions modernes, elle fait, au contraire, reculer de plusieurs siècles des pays comme l'Alsace-Lorraine, auxquels sont ainsi arrachés du coup les inestimables avantages d'une législation à la hauteur des besoins sociaux.

Si encore, au prix d'un bouleversement aussi profond, dont on ne saurait prévoir dès à présent toutes les détestables suites, cette organisation, introduite le 1er octobre 1879 dans l'empire entier, avait procuré à l'Allemagne les bienfaits d'une véritable unité judiciaire, des Vosges au Niémen! Mais, de cette unité, il n'y aura, après comme avant, que la trompeuse apparence ; car il n'est point dans le caractère allemand de faire jamais table rase et de réédifier à neuf d'après un plan simple et bien conçu : ce sont là des procédés bons pour les races latines.

L'Allemand, quand il rêve d'unité, n'entend pas la payer au prix des sacrifices qu'elle réclame ; il n'admet l'idéal unitaire qu'en tant qu'il est conciliable avec l'individualisme allemand, le particularisme allemand, le fédéralisme allemand, et par-dessus tout avec les antiques traditions et coutumes allemandes, générales, provinciales et locales, dût le problème en rester insoluble.

A l'occasion de la réforme judiciaire, chacun des vingt-cinq États particuliers a voulu sauvegarder ses prérogatives et retenir, même en pareille matière, ne fût-ce qu'une apparence de souveraineté en conservant le droit de régler à sa propre convenance les questions de détail.

Dans ces circonstances, il n'y avait qu'un moyen de sortir de l'impasse : c'était — qu'on me passe l'expression — de sauter à pieds joints dans le tas de ces législations contradictoires, brisant sans scrupule, pour s'y faire une place, ce qu'elles pouvaient avoir d'harmonique et de sage. C'est le parti auquel le pouvoir central a fini par se résoudre ; il a dicté son minimum d'unification judiciaire et, de cette manière un peu cavalière de légiférer, il est résulté que, sous prétexte de simplification et de progrès, les nouvelles lois ont ajouté le bouleversement et la confusion à ce qui, pour être le chaos, était du moins localisé et avait pris, avec le temps et la pratique, une allure ordonnée et régulière.

Il n'est pas une seule législation particulière qui se soit tirée indemne de cette violente intrusion ; il n'en est pas une non plus à laquelle puissent suffire les principes généraux que les lois d'empire se sont bornées à fixer à grands traits. Toutes ont été faussées, aucune n'a pu être intégralement abrogée, et l'Allemagne conserve, comme devant, une vingtaine de codes de procédure. A chaque État de réparer chez lui les dégâts de son mieux, en accommodant aux principes nouveaux, auxquels il ne lui est pas permis de toucher, les débris pouvant encore servir dans sa législation propre.

En Alsace-Lorraine, cette tâche est échue à l'ancien Landesausschuss (ce fut son chant du cygne), et, c'est une justice à lui rendre, il ne s'est fait aucune illusion sur son peu d'aptitude à remanier ainsi, au pied levé, la grande œuvre, si harmonique et si coordonnée, des Tronchet, des Treilhard et des Portalis, afin de réparer le moins mal possible la dévastation qu'y avaient opérée les exigences gothiques des nouvelles lois impériales. Que de morceaux il a fallu se résigner à sacrifier, dans cette œuvre de rapiécetage, pour ne point multiplier outre mesure les contradictions et les antinomies qu'un travail aussi hâtif rendait presque inévitables !

Laissant à la jurisprudence le soin de se débrouiller peu à peu, aux dépens des plaideurs futurs, le Landesausschuss s'est borné, en soupirant de mélancoliques *hélas !* à faire de larges trouées partout où la législation impériale entendait prendre pied. Une seule fois, il a résisté et poussé un énergique *hola !* auquel n'ont pu qu'applaudir ceux qui voient de près les pratiques commerciales que l'immigration allemande essaye d'acclimater en Alsace-Lorraine. Il ne lui a pas paru possible d'accepter sans restriction ni réserve le principe nouveau d'après lequel les incapacités civiles et politiques attachées à l'état de failli ne doivent durer que jusqu'à la terminaison des opérations que la déclaration de faillite entraîne.

Le Landesausschuss a exigé que, en Alsace-Lorraine tout au moins, la réintégration du failli dans ses droits et capacités de citoyen n'ait jamais lieu de plein droit, comme il arrivera dans le reste de l'Allemagne, et qu'elle nécessite, en tout état de cause, une sentence judiciaire. Demander moins, alors que le code français — qui passe pour draconien en cette matière — est cependant à peine assez sévère pour avoir raison de l'improbité et de la mauvaise foi qui tentent de se coloniser en Alsace-Lorraine, et, alors que même les non-commerçants pourront recourir à ce moyen expéditif de se décharger de tout ou partie de leurs dettes, c'eût été, en effet, risquer d'ériger la faillite en moyen de parvenir.

La restriction fort sage imposée par le Landesausschuss aura de toute façon pour utile conséquence d'exclure du corps électoral et des candidatures aux conseils électifs bon nombre des nouveaux immigrés qui, sans cela, auraient pu légitimement prétendre tout ensemble au titre de notables et aux avantages de faillis !

VII

Il n'est personne qui n'ait pu constater, toute question de sympathie ou d'antipathie politique mise à part, l'influence fâcheuse que le contact de la colonie allemande a exercée depuis dix ans sur le niveau moral d'une contrée dont la population poussait volontiers l'honnêteté et la franchise jusqu'au scrupule et à la candeur.

Si, de même qu'on juge un arbre à ses fruits, on devait juger de la « culture » allemande par ce qu'elle a le plus fait foisonner en Alsace-Lorraine, il faudrait lui attribuer comme marque distinctive l'esprit de mercantilisme et de lucre qu'exprime si justement le mot de *juiverie*.

Cet esprit perce et se montre partout, en matière financière et fiscale aussi bien que dans les relations commerciales et privées. Qu'il s'agisse de l'intérêt particulier ou de celui du trésor public, tout un monde aux aguets est toujours prompt à venir grappiller dans la vigne d'autrui, bien avant que la vendange y soit mûre.

L'Allemand, tel qu'il s'est révélé aux Alsaciens, est essentiellement un parasite. Il songe moins à employer ses efforts et son intelligence à créer des richesses qu'à rêver aux moyens de prélever sa part sur celles que d'autres ont produites ou vont produire. Le négoce l'attire plus que l'industrie, et, quand M. de Bismark, dans son langage imagé, parle « d'honnête courtier » ou de « politique de pourboire », il ne fait qu'emprunter ses figures et ses comparaisons au vif même de la société allemande.

Nous avons déjà signalé dans une précédente étude[1], les difficultés que, par suite de cette habitude passée à l'état de seconde nature, l'Alsace-Lorraine a rencontrées, même auprès de la grande industrie et du haut commerce d'outre-Rhin, pour nouer avec l'Allemagne des relations d'affaires loyales et régulières.

A l'époque où l'option pour la nationalité française enfiévrait Alsaciens et Lorrains, quelqu'un s'étonnait de l'ardeur que les israélites entre

---

1. Voir la *Revue des Deux Mondes* du 15 mars 1878, page 453.

autres montraient à émigrer. « La raison en est simple, répondit-on plaisamment ; s'ils quittent la partie, c'est qu'ils se sentent impuissants à lutter, sachant bien qu'en affaires un Prussien vaut deux juifs. »

Ai-je besoin de dire que ce joli mot, que l'événement a si vite confirmé, n'a quoi que ce soit de blessant pour les israélites d'Alsace et de Lorraine? Il y a longtemps que la pleine et franche émancipation dont la France les a fait jouir, et qui suffirait à expliquer leur reconnaissant attachement pour ce pays, leur avait permis de dépouiller les mauvais côtés de l'esprit retors qui est le propre des castes traitées en parias, et que, dans l'Allemagne du Nord, où le milieu social est bien différent, chacun s'efforce, au contraire, d'imiter, sans distinction de croyance religieuse, parce qu'il a souvent conduit à la fortune.

Seulement, n'ayant de l'israélite ni la souplesse, ni la sobriété, ni l'âpre économie, ni l'endurance sagace, ni l'esprit de solidarité, ni l'instinct du côté positif des choses, ni ce sens pratique qui a fait que la race d'Israël, tout en attendant avec ferveur son Messie, ne s'est pas crue dispensée pour cela d'être toujours et partout de son temps (ce qui suffirait à la distinguer de l'école historique allemande), l'Allemand voulant faire comme les juifs, ne réussit qu'à faire le juif. Pour lui, le génie de la race sémitique, comme on dit au delà du Rhin, se résume dans le maquignonnage, et la législation elle-même semble conçue tout exprès pour favoriser dans cette voie la plus large concurrence.

J'ai déjà fait voir à quel point les nouvelles lois judiciaires allemandes sont propices à la tribu des chats-fourrés et des grippeminauds qui voudront exploiter les plaideurs. En matière économique, il n'y a pas exagération à dire, surtout quand on le considère au point de vue alsacien, que le régime qui se développe législativement depuis dix ans dans les limites de l'empire allemand ressemble beaucoup à celui du coulage organisé. Le plus clair des profits s'en va enrichir des légions d'inutiles intermédiaires, vivant commodément en parasites aux crochets du producteur, du consommateur ou de l'État, et souvent de tous trois à la fois.

Ce que la seule loi monétaire de 1871 a déjà fait pour appauvrir et épuiser l'Allemagne est incalculable. L'État s'était cru fort habile en économisant quelques millions sur la frappe de l'or, sans songer qu'en créant ainsi une monnaie de mauvais aloi, que le marché universel n'accepterait qu'au poids, pour la refondre, les lois économiques se chargeraient de lui faire expier au centuple un profit si naïvement obtenu et feraient lourdement peser sur le commerce allemand tout entier les vices d'un instrument d'échange qui n'est vraiment apprécié que par ceux qui font profession de changeurs.

L'introduction en Alsace-Lorraine de cette législation monétaire a eu pour double conséquence de renchérir de 20 pour 100, par la substitution du mark au franc, le prix de tous les objets qui se payent en menue monnaie et de faire perdre annuellement à la production 1 pour 100 de ses légitimes et médiocres profits, par suite des faux frais qu'entraînent les opérations de change pour le paiement des matières premières et des marchandises achetées ou vendues à l'étranger. Rien que l'industrie cotonnière de la haute Alsace subit de ce chef une perte sèche annuelle d'environ 8 millions de francs. Qu'on calcule, d'après cette donnée, à quel prix auront été obtenus les 30 ou 40 millions de marks portés en recettes au budget de l'empire comme profit réalisé sur la fabrication des monnaies d'or !

La nouvelle législation douanière, inspirée par des considérations purement fiscales et qui, en ces matières délicates sur lesquelles partout ailleurs on ne se décide qu'avec prudence, a si prestement rejeté l'Allemagne d'un régime de libre-échange pour lequel elle n'était pas mûre, dans un système protectionniste improvisé et mal conçu, n'aura pas de meilleurs résultats, ni pour l'empire, ni pour les particuliers. Les nouveaux tarifs, trop faibles pour assurer au producteur une protection efficace, trop élevés pour permettre, dans le commerce de détail, le maintien des anciens prix, n'aboutiront, en définitive, comme on s'en aperçoit déjà après une bien courte expérience, qu'à augmenter les bénéfices des intermédiaires, renchérir les articles de première nécessité, encourager la falsification des denrées et pousser au développement de la contrebande, sans donner à l'État un accroissement de ressources proportionné à l'augmentation des frais de perception et de garde de la ligne douanière.

Quand il s'est agi, il y a quelques mois, de déterminer le tarif d'importation des filés de coton, l'industrie alsacienne, libre-échangiste par tendance, demandait qu'au moment où, par une brusque évolution, la politique commerciale allemande se faisait protectionniste, il fût pris au moins des mesures propres à compenser pour les fabricants les entraves qui allaient lui être imposées dans l'intérêt du fisc. Elle voulait que la porte fût ouverte ou fermée ; on l'a laissée entr'ouverte, de telle sorte que la concurrence anglaise, la seule vraiment redoutable pour l'industrie alsacienne qui lutte de perfection avec elle, pourra continuer à envahir librement de ses filés fins le marché allemand et rendre la lutte impossible, car les charges qui pèsent sur la production en Allemagne ne cessent de s'accroître en raison inverse des bénéfices.

Et pourtant le marché allemand, même exclusivement réservé à la fabrication indigène, ne pourra de longtemps suffire à alimenter une industrie sérieuse et soucieuse de progrès, comme l'est l'industrie alsacienne.

Si, dans d'autres pays, le régime protectionniste est souvent un excitant énergique pour le perfectionnement des produits et des procédés de fabrication, en vue de se préparer à la concurrence universelle, en Allemagne le résultat de ce régime sera tout différent.

Ce n'est point la qualité, mais le bon marché du produit qui y séduit l'acheteur ; ce qu'on appelle la puissance de consommation et qui est un des signes les plus certains de l'aisance générale, y est encore très faible et tend plutôt à décroître qu'à grandir ; la loi que le marchand impose au producteur n'est pas de faire le mieux possible, mais au meilleur marché, dût-il prostituer son industrie à ne fabriquer que de la pacotille. On sait que le commissaire général allemand à l'exposition de Philadelphie a formulé cela en deux mots : *Billig und schlecht :* (bon marché et mauvais) ! telle est, selon lui, la seule devise qui convienne aux produits industriels allemands.

Cette considération de bon marché prime tellement toute autre pour le consommateur, que l'Allemagne est devenue par excellence le pays des succédanés, qui y portent le nom de *surrogats:* c'est en Allemagne qu'on a d'abord imaginé de remplacer le café par de la racine de chicorée torréfiée, et tout récemment le Conseil fédéral, soucieux de sauvegarder les intérêts du fisc sans pourtant contrarier le goût national, a autorisé la mise en vente, comme tabac, des feuilles de roses et de mérisier, pourvu que, par cette substitution, le trésor impérial ne fût pas frustré de l'impôt sur lequel il compte !

Il est fort difficile, on le comprend, pour une industrie qui se respecte, de se faire à ces mœurs ; il lui est plus difficile encore de concevoir des coalitions comme celle que viennent de conclure, assure-t-on, les métallurgistes prussiens, qui, après avoir obtenu du Gouvernement la promesse officielle que toutes les fournitures nécessaires à l'entretien des lignes ferrées rachetées par l'État seront exclusivement réservées à l'industrie nationale, n'ont eu rien de plus pressé que de concerter un tarif commun, diminuant la qualité et le poids et augmentant le prix de leurs rails.

Quelle figure peut faire dans un pareil milieu, où se sont si naïvement perpétuées les pratiques des trafiquants des foires de Leipzig et de Francfort, un producteur ou un commerçant habitué à ne livrer que de la marchandise « loyale et marchande » ! S'il lui répugne de passer par l'alternative d'être en Allemagne dupe ou fripon, il lui faut à tout prix chercher à l'étranger des marchés plus larges, où les relations soient plus sincères et plus sûres.

VIII

Le malheur veut que, dans toutes ces matières économiques et fiscales, qu'il est de si haute importance pour un pays productif de ne régler qu'avec mille précautions, M. de Bismark soit d'un scepticisme désolant. Il ne considère que l'argent et la façon de s'en procurer au plus vite pour assurer l'indépendance de l'empire et de son budget ; peu lui importe que cet argent lui vienne des ultramontains ou des libéraux nationaux, des agrariens ou des protectionnistes tout court, pourvu qu'il l'obtienne.

Quant à l'économie politique, il la nie.

« La politique douanière ressemble à la médecine, disait-il l'an dernier dans une de ces causeries après boire que M. Moritz Busch recueille pieusement pour la postérité ; cette politique ne comporte pas de science absolue. La chirurgie seule (le fer et le sang !) a fait des progrès et donne de véritables succès ; la pathologie n'a pas fait un pas. Il en est de même de la science économique ; si les choses s'étaient passées d'après les règles admises, la France aurait dû perdre toute sa force immédiatement après la guerre de 1870. Le contraire est arrivé : elle est tout à fait prospère, et l'Allemagne, qui devrait être aujourd'hui dans une bonne situation économique, souffre beaucoup de la crise actuelle. »

On voit que le mécanisme qui règle la richesse des nations serait, tel que M. de Bismark le conçoit, d'une simplicité patriarcale : c'est déjà en appliquant ces mêmes idées que Jacob fondait la fortune de sa race en dérobant les troupeaux de Laban. Il passe évidemment trop de temps, comme on le lui a parfois reproché à Berlin, au milieu de ses bons paysans de Poméranie : c'est, dit-on, afin qu'ils payent moins cher leurs socs de charrue qu'en 1873 il a brusquement jeté l'Allemagne en plein libre-échange, et c'est pour leur mieux faire vendre leurs seigles que maintenant il frappe de droits protecteurs jusqu'aux denrées alimentaires.

Ces soubresauts, auxquels le Reichstag se prête

avec tant de complaisance, peuvent n'avoir que
peu d'inconvénients pour les pays d'entre l'Oder
et la Vistule ; mais il est, dans l'ouest de l'empire, dans les vallées de l'Elbe, du Danube et
du Rhin, des régions où, depuis fort longtemps,
on ne vit pas que de seigle et dont la richesse et
la prospérité dépendent d'un organisme trop délicat et trop complexe pour ne pas se détraquer
quand les gouvernants le traitent comme une
montre d'enfant, à laquelle on fait marquer à sa
guise l'heure qu'on veut.

La politique inspirée par M. de Bismark est,
même en ces matières, une politique bien prussienne. En fait d'impôts, les plus expéditifs lui
paraissent les meilleurs ; c'est ainsi qu'a toujours
fait la Prusse, qui, sur 800 millions de revenus,
n'en demande que 60 aux impôts indirects et qui
applique encore à ses finances toutes les rigueurs
des anciens fiscs et des principes déjà condamnés
sous Colbert. — On conçoit qu'un État dont la population est pauvre, et où l'art de tondre sans écorcher
a encore bien des progrès à faire, demande surtout
ses ressources au domaine, aux forêts, aux régales,
à la gabelle, à la loterie et à des impôts directs qui,
sous des noms divers, rappellent le tribut, la
dîme, les censives, les tailles et les capitations ;
mais il en résulte que l'État dont les revenus

4

sont garantis de la sorte est beaucoup moins intéressé, partant plus indifférent au développement de la prospérité publique, que ceux dont les revenus indirects constituent les principales ressources.

Quand de semblables procédés financiers sont partout remis en usage, sous forme de contributions matriculaires ou de telle autre redevance analogue à celles que le fisc prussien a introduites en Alsace-Lorraine, la production du pays se dessèche avant même d'avoir porté fruit, et ses meilleures forces économiques sont atrophiées en germe.

C'est du moins ce qui est arrivé en Alsace-Lorraine. Cette province, si riche par son sol, si bien douée par le travail, l'intelligence et l'esprit d'épargne de ses habitants, a été convertie, en moins de dix ans, en un territoire où l'expansion individuelle se heurte de toutes parts à de décourageantes entraves, inspirées tantôt par la raison d'État et tantôt par les exigences du fisc.

C'est là, du reste, un peu l'histoire de l'empire allemand tout entier.

On croit rêver quand on considère le triste état matériel où l'Allemagne a été si vite amenée par son culte pour le militarisme. Combien ce grand pays fût devenu autrement redoutable et puissant si, ayant eu après ses victoires le bonheur de posséder à sa tête un véritable homme d'État, ayant la saine intelligence du rôle moderne des nations et de ce qui fait leur vraie force, il avait consacré, ne fût-ce qu'une faible part de son butin, à s'outiller pour une lutte féconde, par la création des canaux qui lui manquent, le développement judicieux de ses voies ferrées, l'adoption d'un régime douanier rationnel, et une législation favorable à l'essor d'un solide crédit !

Façonnée, par un marché plus vaste, au goût de l'étranger, l'Allemagne serait devenue promptement écrasante, avant même que la France eût eu le temps de se relever de ses ruines et de se remettre au travail. Grâce à sa main-d'œuvre surabondante, à sa vie à bon marché, qui n'a été si singulièrement renchérie que par la fausse politique suivie depuis 1871, grâce à la résistance patiente de sa population qu'aucun travail ne rebute et qui ne dédaigne si mince bénéfice, grâce enfin à cette situation centrale, pour elle si gênante comme état militaire, mais si commode au point de vue commercial, l'Allemagne aurait pu renoncer à jamais au jeu chanceux de conquérir à la guerre l'argent que d'autres demandent aux travaux de la paix. — Refoulant la concurrence américaine et tenant tête à la concurrence anglaise, qui ne sont devenues l'une et l'autre si dangereuses aujourd'hui que parce qu'aucune d'elles n'a à supporter sa part des charges militaires qui écrasent le vieux continent, elle aurait trouvé dans l'Alsace-Lorraine elle-même un auxiliaire puissant dans cette lutte, tandis qu'elle n'a réussi à faire de la possession de cette province que le principal agent de la ruine commune.

Mais, comme dit le proverbe, qui rarement a dit aussi vrai, « ce qui vient de la flûte s'en retourne au tambour ». La Prusse, qui dictait la loi et présidait au partage, a montré une fois de plus, en cette circonstance, combien les joueurs heureux sont de mauvais capitalistes : connaissant mal le prix de l'argent, ils se paient toutes leurs fantaisies.

La Prusse a la fantaisie du militaire, elle n'en a même pas d'autre, car il y a longtemps qu'on a dit que la guerre est sa vraie industrie. Aussi a-t-elle saisi l'occasion pour développer son outillage militaire, surtout dans les territoires nouvellement conquis.

A aucune époque ni dans aucun pays, on n'avait encore accumulé en aussi petit espace autant de casernes, de forteresses, de magasins militaires,

de forts et de chemins de fer stratégiques, de
ces derniers surtout. L'Alsace-Lorraine possède
dès à présent à peu près un mètre de voies ferrées par tête d'habitant et par hectare de superficie, et l'on ne cesse d'en construire. Ni l'Angleterre ni la Belgique, les deux pays où les
chemins de fer avaient reçu jusqu'à ce jour la plus
grande extension, n'ont un réseau proportionnellement aussi développé.

Mais, contrairement à ce qui arrive dans
d'autres États, où toute ouverture de nouvelle
ligne devient une source de prospérité pour la
région qu'elle traverse, les lignes concurrentes
dont l'Allemagne et surtout l'Alsace-Lorraine ont
été sillonnées dans un intérêt exclusivement stratégique ont si bien dispersé, comme dans les
sables, les éléments de trafic, que les exploitations naguère encore les plus productives réussissent à peine à couvrir leurs frais.

A l'heure qu'il est, ce n'est que grâce à des
économies faites aux dépens des intérêts du public que l'administration impériale du réseau
alsacien parvient à réaliser annuellement un bénéfice d'un peu plus de 2 pour 100. Des communes qui s'étaient imposé de lourds sacrifices
pour avoir leur chemin de fer, dont elles retiraient de précieux avantages, s'en trouvent main-

4.

tenant dépouillées en fait et expropriées sans indemnité par le déplacement de courant causé par les nouveaux tracés plus directs qu'a réclamés l'administration militaire.

Le chemin de fer de Strasbourg à Lauterbourg, construit en rase campagne, à travers une région pauvre et médiocrement peuplée, peut être cité comme type de ces nouvelles lignes stratégiques. Bien que fort éloigné de la nouvelle frontière française, tout y est machiné pour en faire, au besoin, un véritable ouvrage de défense.

La voie, toute en remblais, présente par cela même un rempart continu de 50 kilomètres, pouvant servir d'abri aux tirailleurs ; le moindre ponceau est pourvu de son fourneau de mine ; chaque maisonnette de garde-voie a ses meurtrières, ses redans, ses bretèches et ses barbacanes ; chaque bâtiment de station, se succédant de cinq en cinq kilomètres, est dominé par une tour de vigie dont le cadran d'horloge masque une embrasure de canon ; les quais et les voies de garage sont partout aménagés avec une ampleur et un luxe dont on n'a nulle idée en France, même dans les gares de grandes villes, et tout autour du groupe de constructions qui forme les stations, règnent de vastes enclos convertis en potagers et en jardins.

Ce culte de la verdure et des fleurs inspire tout d'abord au voyageur de douces réflexions sur les mœurs allemandes; mais, quand aux stations suivantes potagers et jardins se répètent tout semblables, il se doute que ces laitues et ces capucines sont des plantes administratives servant à déguiser de véritables places d'armes.

L'exécution de ces travaux, très intéressants au point de vue de l'art, mais que l'excès même de leur développement a rendus plus nuisibles qu'utiles à la vraie prospérité du pays, n'a même pas laissé en Alsace-Lorraine ce limon fécondant que l'argent répandu à pleines mains dépose sous forme d'épargnes dans le pécule des classes vivant de salaires. C'est tout le contraire qui s'est produit.

La hâte que l'administration a mise à pousser activement et à mener de front les constructions de forteresses et de chemins de fer stratégiques, auxquelles plus d'un demi-milliard a été consacré, a attiré dans le pays des hordes d'ouvriers étrangers et nomades, que l'exagération des salaires a conduits à la dissipation et à l'ivrognerie et qui, maintenant que les travaux sont ralentis, forment le noyau d'une plèbe vagabonde et misérable qui désole les villes et inquiète les campagnes.

IX

Le plus sûr moyen d'enrayer les progrès de la démoralisation et de la misère est communément l'exécution d'entreprises d'intérêt général, profitables au pays entier.

Mais on n'entreprend pas de travaux publics sans argent, et, en Allemagne, l'empire, qui n'admet pas de déficit dans son propre budget, soutire incessamment, par préciput, sous forme de contributions matriculaires dont le chiffre annuel dépasse actuellement cent vingt millions de francs, tous les fonds que chaque État particulier pourrait consacrer sur son territoire à des créations d'utilité publique, et même bien au delà.

Grâce au système d'empire confédéré, tel qu'il fonctionne depuis dix ans, cette Allemagne qui naguère se vantait, non sans raison, de la prudente économie et de la sage ordonnance qui régnaient dans ses finances, ne renferme plus aujourd'hui un seul État qui parvienne à équilibrer normalement son budget ; l'Alsace-Lorraine, que l'empire s'était fait céder libre de dettes, en est, depuis quelques années déjà, à demander, tantôt à la dette flottante et tantôt à la dette consolidée, le complément des ressources nécessaires pour couvrir ses dépenses, et le royaume de Prusse lui-même, où réapparaissait naguère la famine dans toute son horreur, est réduit à des expédients financiers qui ne lui laissent même pas assez de liberté d'esprit pour aviser à temps à la sauvegarde de ses intérêts les plus directs.

J'en veux citer un exemple bien caractéristique.

Dès les premiers temps de l'occupation, les chambres de commerce alsaciennes et lorraines, consultées sur les vœux du pays, avaient signalé parmi les plus désirables et les plus urgentes des entreprises d'utilité publique que l'Allemagne se disait prête à exécuter pour développer la prospérité matérielle dans le territoire conquis, le remaniement et l'amélioration, conformément aux besoins nouveaux de la navigation marchande, du beau réseau de canaux dont la France avait doté l'Alsace-Lorraine et qu'avait mutilé le tracé de la nouvelle frontière.

La question était, en effet, si intéressante que la batellerie autonomiste, se prenant d'enthousiasme, ne rêva rien moins que de faire de Strasbourg un véritable port de mer. Puis les années s'écoulèrent : rien ne fut fait ni même mis à l'étude, quand tout à coup, l'an dernier, alors qu'était tout à fait oubliée cette affaire des canaux, qui ne servait plus depuis longtemps qu'à égayer les conversations aux dépens de l'administration allemande et des illusions autonomistes, le gouvernement prussien est venu offrir à l'Alsace-Lorraine une subvention pour qu'il fût procédé d'urgence à l'approfondissement du canal de la Sarre, dont le parcours presque tout entier se trouve sur le territoire lorrain.

Une telle offre de concours pécuniaire est si peu dans les habitudes prussiennes qu'on ne savait trop qu'en penser, quand un rapport du directeur des houillères domaniales de Sarrebrück vint expliquer l'énigme. Depuis deux ou trois ans, le trésor prussien ne parvenait plus à vendre ses charbons par suite de la mise en exploitation du réseau de canaux à grande section construit par la France le long de sa nouvelle frontière, réseau qui permet aux houilles belges de venir faire concurrence à la Prusse dans tout l'est de la France et jusqu'en Alsace-Lorraine, c'est-à-dire sur un marché dont elle avait eu longtemps le monopole et qu'elle se voit menacée de perdre tout à fait ; car la profondeur insuffisante du canal de la Sarre accroît le fret et par conséquent le prix du charbon prussien de 2 fr. 50 c. par tonne. Ainsi donc, voilà la Prusse atteinte dans sa propre chair par des travaux publics exécutés en France depuis la guerre ; l'implacable vainqueur se sent frappé dans ses intérêts directs par le seul voisinage du vaincu, qui a eu hâte de se remettre aux entreprises utiles, sur son territoire mutilé, et la fortune de la Prusse est empêchée de voguer faute de 50 centimètres d'eau !

L'ancien Landesausschuss, saisi une première fois de cette proposition de concours prussien, n'a pas jugé qu'il y eût aux travaux demandés autant d'urgence qu'on voulait bien le dire, attendu que, charbon pour charbon, il suffisait à l'industrie alsacienne de n'en point manquer et de l'avoir à bon prix.

Mais la Prusse a tenu ferme et est revenue à la charge cette année. Et, comme Prusse, Empire et Alsace-Lorraine, c'est tout un ou peu s'en faut, on a imaginé à Berlin d'englober l'entreprise dans un vaste programme de travaux publics à exécuter aux frais de l'Alsace-Lorraine moyennant un emprunt de 30 millions, ce qui, toutes proportions gardées, équivaudrait en France à une dépense de 700 millions de francs.

Le Landesausschuss actuel pense que, dans la situation déjà obérée des finances alsaciennes, c'est là un bien gros denier.

Vainement le Gouvernement, auquel cet argument a dû un peu coûter, a-t-il insinué qu'il serait digne de cette assemblée de doter l'Alsace-Lorraine d'un pendant au beau programme de M. de Freycinet. Le Landesauschauss est resté froid.

On lui a dit encore, pour le décider, que travaux et emprunt ne seront réalisés que petit à petit et qu'on sera toujours libre de s'arrêter en chemin. Seulement ce que l'Administration ne disait pas, c'est qu'elle se réservait de régler l'ordre d'urgence des travaux compris dans le projet : or, outre l'approfondissement du canal de la Sarre que la Prusse juge être pour ses intérêts d'une urgence capitale, ce même projet comprend quantité de petites lignes de chemins de fer auxquelles l'Empire, de son côté, tient essentiellement, par la raison qu'en prenant la peine de suivre sur la carte le tracé des divers tronçons qu'il s'agit de construire en Lorraine, « dans un intérêt agricole », est-il dit, et en les mettant bout à bout, on est conduit, par le chemin le plus court, de la place de Metz à celle de Rastadt, à travers une région désolée, que tous les chemins de fer du monde, si « agricoles » qu'ils soient, ne réussiront pas à rendre fertile ni peuplée.

Aussi le Landesausschuss, après avoir, par politesse, écouté le gouvernement, a-t-il résolument repoussé ce projet d'emprunt qui dissimule trop mal les expédients auxquels la Prusse et l'empire sont réduits pour essayer de faire supporter à l'Alsace-Lorraine des dépenses auxquelles, seuls, ils ont un réel intérêt.

Le procédé n'est d'ailleurs pas nouveau : il n'est qu'adapté aux circonstances présentes. A l'époque où le régime dictatorial permettait encore au gouvernement impérial de gérer par simples décrets les finances alsaciennes, la chancellerie de Berlin ne s'est point fait scrupule d'endosser à l'Alsace-Lorraine une somme de 6 à 8 millions de francs, que les plénipotentiaires de Francfort avaient expressément mise à la charge de l'empire allemand, seul contractant. C'est qu'alors on songeait à ménager les milliards. Aujourd'hui que pareil souci n'existe plus, hélas! ce sont les intérêts agricoles de la Lorraine qui sont mis en avant pour arriver à compléter, aux frais du pays, le réseau des lignes stratégiques !

X

C'est un grand ennui dans la vie d'avoir affaire à des parents pauvres et d'en dépendre par quelque côté.

Telle est justement la situation de l'Alsace-Lorraine, que l'administration allemande saigne à blanc, sous prétexte que le pays n'a pas de dettes et que c'est aux négociateurs allemands qu'il le doit. Les dépenses des diverses administrations, qui ne s'élevaient guère sous le régime français à plus de 4 pour 100 des contributions annuellement fournies par la province, en absorbent maintenant plus de 13 pour 100 : c'est faire grandement les choses; il est dommage que ce soient les seules choses qui se fassent grandement sous le nouveau régime.

L'Alsace-Lorraine pâtit ainsi à tout instant de

cette réputation que les Allemands lui ont faite d'être un pays riche. Comme tout est relatif en ce monde, et qu'en Allemagne la misère est extrême, il se peut qu'ils disent vrai; mais les preuves dont ils se contentent sont parfois étonnamment légères, venant d'Allemands.

L'an dernier, M. de Puttkammer provoquait, dans le Reichstag, un vif mouvement d'attention en disant textuellement ceci : « Nous avons reçu de la France le pays libre de dettes. *Par suite*, les impôts ont pu y être réduits chaque année de 24 millions de francs, par la suppression du monopole du tabac. »

M. de Puttkammer, qui a été préfet à Metz, est du nombre des Allemands qui sont censés le mieux au courant des affaires d'Alsace-Lorraine; ce qui ne l'a pas empêché, lui, homme grave, d'alléguer sans rire, comme dégrèvement ayant profité aux contribuables, le chiffre des ventes annuelles de la manufacture des tabacs de Strasbourg ! Si c'est sur des bases aussi solides que le conseil fédéral a calculé les excédents de recettes que l'empire espère retirer de ses douanes, il ne devra pas être trop surpris d'éprouver quelques mécomptes en fin d'exercice.

La vérité est, au contraire, que l'Alsace-Lorraine, bien que cédée à l'Allemagne franche de toute part contributive à la dette publique française, comme le rappelait avec raison M. de Puttkammer, ce qui représentait un allègement d'impôts d'environ 10 à 15 francs par tête chaque année, a actuellement à subvenir à des charges équivalant à 49 francs par habitant, non compris les centimes additionnels qui augmentent ce chiffre de près d'un tiers, tandis que, déduction faite des intérêts des milliards dont la guerre a grevé la dette publique française, à une époque où l'Alsace-Lorraine était déjà devenue terre d'empire, cette même quote-part n'est que de 45 francs en France et de 47 fr. 50 c. en Prusse.

D'ailleurs, fût-il vrai que l'Alsace-Lorraine se trouvât matériellement favorisée sous ce rapport, encore convient-il de ne pas oublier que le poids de l'impôt n'est pas chose absolue, car la facilité avec laquelle un pays en supporte la charge dépend essentiellement de son degré de bien-être. Or l'Alsace-Lorraine est certainement plus appauvrie aujourd'hui, plus mal à l'aise, plus exsangue que si, conservée à la France, elle avait, en sus de ses charges personnelles, à supporter sa quote-part dans les 26 milliards auxquels se monte actuellement la dette publique française.

Les Allemands sont si absorbés dans leurs satisfactions historiques, qu'ils ne pensent guère à

remarquer qu'il existe des sociétés — qu'elles
s'appellent cercles, compagnies ou nations — où la
question de cotisation n'est jamais qu'accessoire,
car il y a tant d'avantages et d'honneur à en faire
partie, par suite de la solidarité d'intérêts et d'efforts qui en unit les membres et de leur bon
renom, que chacun se prête volontiers aux
appels de fonds que peut nécessiter une fortune
adverse, et qu'au contraire, il en est d'autres
coûtant fort cher, sans compensation aucune pour
les associés qui, malheureusement pour eux, ne
sont pas toujours libres de s'en tirer par une
démission.

C'est précisément le cas pour les Alsaciens-Lorrains, et c'est la raison pour laquelle la conquête morale, en dépit de certaines apparences,
n'a fait parmi eux que des progrès à reculons.
La transition a été trop brusque et la comparaison trop au désavantage de l'Allemagne pour que,
à mesure que la France se relevait de ses ruines
et que l'administration allemande était vue à
l'œuvre, ceux-là mêmes qui, dans les premiers
jours, s'étaient crus habiles en faisant des avances au vainqueur, n'aient pas senti crouler leur
foi tandis que s'égrenaient d'heure en heure leurs
espérances et leurs illusions.

Ce qui a rendu l'Alsacien si réfractaire à l'influence allemande, c'est qu'il s'est trouvé la victime du conflit de deux états de civilisation complètement différents, et nul mieux que lui, par la longue habitude qui existe traditionnellement en Alsace de ne s'en remettre qu'à soi-même du soin de ses intérêts, n'était en mesure de reconnaître les défectuosités de l'état politique, économique et social vers lequel on prétend le faire rétrograder.

Je n'ignore pas que je touche ici à un point délicat. Le succès aveugle volontiers ; il est aujourd'hui de mode d'exalter l'Allemagne et presque de bon ton d'attribuer les malheurs de la France à son esprit d'indiscipline et aux vices de ses institutions. Il n'est pas jusqu'à ses qualités qu'on ne rétorque contre elle, comme causes irrémédiables de sa déchéance ; et l'on ne fait ainsi que répéter de confiance tout ce que la haine teutonne a inspiré de dédains et de jaloux mépris aux Allemands.

Qu'on aille demander aux Alsaciens-Lorrains ce qu'ils en pensent. Jamais l'histoire n'avait mis en opposition aussi vive l'antagonisme qui existe de nos jours entre un état social qui laisse et garantit à l'activité de l'individu toutes les expansions légitimes et une race qui, poursuivant un idéal insaisissable, s'attarde aux vaines violences d'une politique tout entière inspirée et conduite par la raison d'État.

L'Allemagne n'était pas une révélation pour les Alsaciens : ils la connaissaient de longue date et, s'ils la connaissent un peu mieux aujourd'hui, ce n'est pas, il faut le dire, à son avantage. Ils vivaient avec elle en bon voisinage, et, bien qu'ayant de fortes raisons pour douter des vertus antiques du peuple allemand, ils n'en méconnaissaient pourtant pas les solides qualités et s'employaient à les révéler à la France, en se chargeant de clarifier les produits de l'exubérante érudition allemande, si abondants et par cela même souvent quelque peu troubles.

Mais, quand l'Allemand est venu le régenter, avec la prétention de l'initier à sa « culture » ; quand, se croyant une mission civilisatrice, il a franchi le Rhin comme on va en pays de sauvages, l'Alsacien, justement froissé, a mieux senti chaque jour ce qu'il devait à la France, quoiqu'il fût parfois incapable de l'exprimer en français, ce qui, par parenthèse, est une condamnation bien amère des théories linguistiques.

Ces institutions que l'Allemagne s'efforce d'arracher peu à peu du sol alsacien sont celles-là mêmes qui ont fait l'Alsace française ; car, jusqu'à la fin du dernier siècle, jouissant d'une pleine autonomie, elle n'avait guère été française que de nom.

Et ces institutions, par quoi les remplace-t-on? Les lois judiciaires nous ont fourni un échantillon de ces nouveautés.

Ce que cherche l'Allemagne, ou plutôt ce qu'elle rêve, ce ne sont point les vrais conditions d'existence d'une société moderne, mais celles de l'État moderne, Hegel ayant enseigné que l'État est le but même de la société, « la substance générale dont les individus ne sont que des accidents, des modes ».

Cela donne beau jeu à la Prusse, qui est, comme on l'a fort bien dit, moins une nation qu'un système, ayant la raison d'État pour base, et, comme moyens, la caserne, l'école et des fonctionnaires élevés dans l'idée que l'humanité ne commence qu'au baron : toutes choses entièrement incompatibles avec l'humeur des Alsaciens et des Lorrains, avec leurs intérêts et leurs besoins

XI

Ce serait une curieuse et instructive étude à faire que celle qui, prenant les choses par le menu, noterait dans une sorte d'inventaire ce que dix ans de ce régime ont déjà fait éprouver de déchet matériel, intellectuel et moral à l'Alsace-Lorraine, qui n'avait jamais été aussi prospère qu'à l'époque où elle fut arrachée à la France.

Il ne faut attendre des intelligentes populations de cette province ni manifestations, ni plaintes bruyantes : ce n'est point dans leur caractère ; elles sont assez sûres de leurs sentiments et de leurs opinions pour ne point éprouver le besoin d'en faire un vain étalage.

Maintenant que le plus difficile est fait et l'habitude prise, l'administration allemande suffirait à la rigueur pour raviver à tout instant la blessure. « Comment donc s'y prenaient ces diables de Français ? » soupirent avec découragement ceux des fonctionnaires allemands qui, ayant pris au sérieux leur tâche de collaborateurs à l'œuvre de la conquête morale, sont humiliés de l'impuissance des efforts qu'ils font pour gagner à l'Allemagne cette population « sœur », qui s'obstine à regretter la France et le régime français.

C'est que :

Il est des nœuds secrets, il est des sympathies
Dont, par le doux rapport, les âmes assorties
S'attachent l'une à l'autre, et se laissent piquer
Par ce je ne sais quoi qu'on ne peut expliquer.

L'administration allemande pique bien, mais elle n'attache pas, parce qu'à la tête de chaque service sont placés des chefs et des « conseillers » originaires de la Prusse, où l'usage est d'administrer comme on commande un régiment : c'est correct, mais rogue, rude et cassant ; cela manque de fondu, de liant, de séduction et de grâce.

Aussi, voyez les conséquences. Des correspondants de journaux qui puisent leurs inspirations dans les bureaux de l'administration ont formellement dénoncé, tout dernièrement encore, les femmes alsaciennes et lorraines comme créant de sérieux embarras au pouvoir par le mauvais esprit qui les anime et leur indomptable humeur de résistance.

Il y a du vrai dans ces plaintes un peu ridicules.

Dans le catalogue, d'ailleurs assez limité, de ses moyens de germanisation et d'assimilation, la Prusse a négligé de faire la part des difficultés que peut lui susciter l'élément féminin d'une population hostile, sans doute parce qu'en Allemagne la femme, passive autant que patiente, ne compte guère comme influence sociale que dans les romans et les idylles.

En Alsace-Lorraine, pour la première fois, l'administration allemande, pesante et tout d'une pièce, a pu expérimenter combien d'éléments subtils et insaisissables échappent à son action, quand elle se trouve aux prises avec des femmes vraiment femmes, que la conquête de leur pays n'a pas seulement blessées au vif dans leur patriotisme, mais qu'elle a froissées du même coup dans tous les sentiments qui font la femme, la mère, l'épouse, la sœur, la jeune fille et la ménagère.

N'y eût-il que cette vulgaire question du pot-au-feu qui chaque jour renaît dans chaque ménage, que c'en serait assez pour entretenir l'antipathie contre un régime qui a rendu l'argent si rare et les charges si lourdes, et pour faire regretter le temps où il restait toujours de quoi acheter des rubans à la fille ou des provisions à la mère.

Maintenant, plus rien qui égaye l'existence; partout le dégoût ou la lassitude du présent, l'appréhension du lendemain, et le trouble porté jusque dans les saintes joies de la famille par les mesures inexorables qui ont été prises contre les optants et la précipitation avec laquelle la loi militaire allemande a été appliquée dans toute sa rigueur en Alsace-Lorraine, quelques mois à peine après la conclusion de la paix.

C'est pour cela, c'est parce que le premier acte de la sentimentale Allemagne, qui prétendait hypocritement au monopole des vertus domestiques et du culte de la famille, a été de disperser et de diviser les familles et de jeter troubles et misère dans les foyers, que les femmes sont en effet devenues, pour le succès de sa politique, un obstacle dont il lui sera bien difficile d'avoir raison. Ce sont elles qui, par ces mille petits moyens dont elles ont le secret, ne permettent pas à la population masculine de s'assoupir dans la résignation au fait accompli; ce sont elles qui se refusent à toutes relations sociales entre conquérants et conquis ; ce sont surtout les mères et les sœurs qui poussent chaque année tant de jeunes gens, enfants hier encore, à se soustraire, au prix d'un long exil, à la nécessité de revêtir l'uniforme prussien.

Nous croyons inutile de rappeler ici les chiffres des opérations du recrutement en Alsace-Lorraine, de 1872 à 1876 [1]; en voici quelques autres plus récents, qui montrent qu'à cet égard les générations se suivent et se ressemblent.

En 1878, sur 40,833 jeunes gens faisant partie de la classe (nés en 1858, ils n'avaient que douze ans lors de la cession de l'Alsace-Lorraine), 4,822 seulement ont comparu devant l'autorité militaire, 9,580 ne se sont pas présentés, 3,981 ont été condamnés par contumace pour avoir émigré sans permis, 1,758 se trouvent sous le coup de poursuites judiciaires pour le même motif, et enfin 4,241 autres avaient si bien disparu que la police en a perdu toute trace.

Pour 1879, il en a été de même : sur 40,874 appelés, le nombre des recrues *dont le séjour est resté inconnu* s'élevait à 10,101 ; 3,869 jeunes gens

---

1. Voir à ce sujet, ainsi que sur la dépopulation de l'Alsace-Lorraine, l'excédent croissant de la population féminine, la diminution des mariages et des naissances, et l'émigration de la jeunesse valide, une précédente étude publiée dans la *Revue des Deux Mondes* du 15 mars 1878, pages 455 à 457.

avaient émigré sans autorisation, et 4,628 hommes seulement ont pu être incorporés. Et même, parmi ces derniers, combien n'en est-il pas qui ne renoncent à fuir que pour ne pas ruiner leurs familles par les amendes qui sont la peine de l'insoumission ?

On a fait dernièrement une découverte originale. Dans les écoles professionnelles et d'arts et métiers, fréquentées par des jeunes gens de seize à vingt ans, l'étude des instruments à vent a pris en Alsace-Lorraine une telle vogue, que les maîtres ne suffisaient plus à diriger des classes devenues trop nombreuses. L'enquête prescrite pour rechercher les causes d'un goût si nouveau et si marqué pour le cornet à pistons a révélé que toute cette jeunesse caressait le rêve de pouvoir faire le temps de service militaire comme musicien et d'échapper ainsi au risque d'avoir à porter quelque jour les armes contre la France. Les plus ambitieux, gardant jusque dans le pis aller leurs aspirations vers l'idéal, voudraient être trompettes de uhlans, afin de n'avoir pas à coiffer l'odieux casque à pointe, caractéristique du soldat prussien.

XII

Ces menus faits en disent plus long que toutes les dissertations sur la persévérance avec laquelle Alsaciens et Lorrains résistent à la germanisation.
Le programme autonomiste présentait, il faut en convenir, un grave danger, et c'est pourquoi ceux qui l'ont patronné dès le lendemain de la conquête ont manqué de vrai patriotisme ; ce programme paraissait avoir, avec le temps, de grandes chances de succès, s'il avait été pris en main par un gouvernement n'ayant d'autre préoccupation que celle d'attirer promptement à lui, par cette large et paisible indépendance dont jouissaient naguère encore les petits États allemands, une population qui, si attachée qu'elle pût être à la France, aurait sans doute vite oublié, dans l'épanouissement de l'esprit provin-

cial et les douceurs de l'état pacifique, les jours brillants mais agités que la France lui avait procurés.

Mais il eût fallu pour cela que l'Allemagne elle-même fût restée l'Allemagne légendaire que nous avons tous connue. Là où la Bavière, par exemple, eût vraisemblablement réussi, si elle avait reçu la mission de convertir les Alsaciens à leur nouvelle destinée, l'empire, inspiré et dirigé par la politique prussienne, ne pouvait qu'échouer.

L'erreur fondamentale du parti autonomiste a été de croire (je ne recherche pas si c'est par intérêt ou de bonne foi) et de s'efforcer de faire croire qu'en conquérant l'Alsace-Lorraine, l'Allemagne avait eu surtout en vue le bonheur des Alsaciens, qu'elle se proposait de traiter en égaux et en frères. C'étaient là des choses bonnes à dire en chansons, pour surexciter dans sa sensiblerie l'orgueil national des Allemands ; mais, dans les visées unitaires de la Prusse, la question alsacienne n'a jamais été qu'un instrument d'unification.

M. de Bismark ne s'en est point caché. Aussitôt après la victoire, et avant même que le traité de paix définitif fût signé, le 2 mai 1871, il disait au Reichstag : « Une confédération composée de princes souverains et de villes libres faisant la conquête d'un pays que, *pour sa propre sûreté, elle est obligée de conserver*, et qui devient ainsi un *bien commun* à tous les participants, voilà un fait bien rare dans l'histoire, et, si nous faisons abstraction de petites entreprises exécutées par des cantons suisses..., je ne pense guère que l'histoire nous offre quelque chose d'analogue. »

N'était-ce pas avouer clairement que, dans sa pensée, le territoire d'Alsace-Lorraine devait être et rester le gage commun de la solidarité allemande afin de maintenir la cohésion de l'empire, qui devenait lui-même une sorte d'assurance mutuelle et tontinière contre le remboursement des milliards?

Si, dans les premiers temps, M. de Bismark a eu quelques paroles aimables à l'égard des populations de ce territoire, c'est qu'il espérait que, le régime prussien aidant, le contraste qui existait alors entre la situation matérielle de la France et celle de l'Allemagne aurait vite raison des résistances opposées à la germanisation. Mais son espoir a été déçu.

Alsaciens et Lorrains se sont refusés à épouser « l'idée allemande », dont ils étaient incapables de saisir les beautés, et c'est alors que, dans la séance du 30 novembre 1874, le chancelier impérial, dévoilant non sans amertume le fond de sa pensée, déclara que peu lui importaient, après tout, les vœux et les doléances des populations de l'Alsace-Lorraine, « qui n'a été conquise que pour servir de glacis à l'empire ».

Le mot était dur, mais il était juste et il l'est resté. Ce n'est pas de la population alsacienne que la Prusse a jamais eu souci, mais du territoire, maintenu à dessein à l'état indivis, afin d'intéresser l'Allemagne entière à sa possession et à sa garde. Après avoir invité l'Allemand à taper fort, pour en faire la conquête, on lui inspire la peur afin d'obtenir de lui des suppléments de subsides et on lui crie de tenir ferme, de crainte d'un retour de fortune.

L'Allemand tiendra ferme, car il est tenace par nature. Sans s'en douter, il obéit en cela à des instincts de *primate*.

En Kabylie, les indigènes se servent d'un moyen aussi ingénieux que simple pour prendre tout vivants les singes qui gambadent dans les gorges du Chabet-el-Akhra. Dans une calebasse vide, solidement fixée à une branche d'arbre, ils mettent une noix. L'animal, furetant, glisse son bras dans la gourde, saisit la noix, et... le voilà retenu prisonnier par le poing, trop gros pour ressortir par l'ouverture, car jamais singe ne lâche la proie qu'il tient tant qu'il conserve l'espoir d'y pouvoir mordre. Il sent bien ce que sa position a de faux et le témoigne par de vilaines grimaces, mais l'idée ne lui viendrait pas d'ouvrir la main pour se tirer de là. Sur la fin du jour, le Kabyle revient et emporte chez lui singe, noix et calebasse.

N'est-ce pas un peu l'image du peuple allemand, cramponné à cette chose imposante, mais creuse, que représente l'empire, et qui se met à la discrétion de la Prusse plutôt que d'abandonner un appât dont il n'aura connu, quoi qu'il arrive, que les aspérités?

XIII

Nous venons d'étudier les principales causes qui font obstacle à la germanisation de l'Alsace-Lorraine et les raisons qui nous portent à douter que l'Allemagne réussisse à établir entre conquérants et conquis ces liens de mutuelle confiance et de réciproque sympathie sans lesquels la conquête morale ne saurait passer pour accomplie. Il nous reste à examiner si, à défaut de l'union intime qu'une entière communauté de sentiments, d'intérêts et de vues serait seule capable de produire, l'empire germanique ne peut pas espérer du moins accoutumer ces populations à leur sort et les amener à un degré de résignation suffisant pour que l'Alsace-Lorraine se taise, que l'Allemagne se rassure et que l'Europe acquiesce et oublie.

Le nouveau régime qui vient d'être inauguré sous la haute direction du feld-maréchal de Manteuffel est-il propre à favoriser cette œuvre d'apaisement, en vain poursuivie par l'Allemagne, tandis que sa propre grandeur était, plus qu'aujourd'hui, dans tout son éclat? L'Alsace-Lorraine s'engage-t-elle désormais dans une condition politique et administrative assez stable et assez normale pour permettre à l'Europe, avide de tranquillité et de paix, de se désintéresser d'un état de choses qu'elle a laissé se constituer contre le vœu d'une population de quinze cent mille âmes, moins respectée dans ses droits que les « infortunés » Bulgares?

Faut-il qu'Alsaciens et Lorrains fassent leur deuil de leurs espérances secrètes et qu'ils se considèrent comme irrévocablement sacrifiés à une politique qui a converti le principe, faux peut-être, mais assurément généreux, du droit des peuples de se grouper conformément à leurs affinités, en un système d'asservissement fondé sur de prétendues communautés de race?

Serait-il vrai que le droit des nationalités puisse, au gré du plus fort, devenir un devoir?

Ou bien, Lorrains et Alsaciens ne sont-ils pas plutôt autorisés à penser que leur calme obstination dans la résistance n'aura pas été tout à fait stérile, et que l'heure n'est peut-être pas loin où l'Europe, toujours inquiète et encore divisée, reconnaîtra que la paix ne pourra véritablement renaître et s'affermir tant qu'ils seront eux-mêmes retenus sous le joug, au cœur du monde civilisé, et tant qu'elle persistera, faute de pacifique entente, à laisser le champ libre à une politique égoïste, mauvaise et sans issue, qui n'a déjà produit que trop de détestables fruits ?

Il y a, ce nous semble, plus d'un enseignement à tirer de la question alsacienne ; nous essayerons d'en dégager quelques-uns, après avoir exposé le fonctionnement de l'organisation nouvelle et indiqué les résultats qu'il est permis à l'Allemagne et à l'Alsace-Lorraine d'en attendre.

XIV

La nouvelle organisation politique introduite en Alsace-Lorraine depuis le 1ᵉʳ octobre 1879 offre tous les dehors d'un régime régulier de gouvernement constitutionnel et représentatif.

Au sommet de la hiérarchie est placé un lieutenant impérial (telle est la signification exacte du titre de *statthalter* attribué à M. de Manteuffel), délégué direct de l'empereur, auquel il a seul à rendre compte de ses actes et qui lui a personnellement transmis la presque totalité de ses propres pouvoirs souverains, civils et militaires, dans le gouvernement de l'Alsace-Lorraine.

Au-dessous du *statthalter*, l'administration responsable est représentée par un ministre secrétaire d'État, ayant pour auxiliaires quatre sous-secrétaires d'État entre lesquels sont répartis, groupés en autant de sections, les divers départements ministériels.

Latéralement, un Conseil d'État est investi d'attributions analogues à celles que ce corps exerce suivant la législation française, à l'exception toutefois du contentieux administratif, qui reste dévolu à un corps spécial, existant depuis 1871 sous le nom de *Conseil impérial*.

L'organisme est complété par le *Landesausschuss*, ou délégation provinciale, dont nous nous occuperons plus particulièrement tout à l'heure et qui constitue l'élément représentatif dans l'ensemble du système.

Tel est, dans ses traits essentiels, le nouveau régime dont l'Alsace-Lorraine vient d'être dotée. Il marque, si je compte bien, la sixième ou septième étape dans le provisoire que l'Allemagne a fait faire à cette province depuis le jour où un « ordre du cabinet », daté du quartier général d'Herny, le 14 août 1870, et complété huit jours après par une lettre que le roi de Prusse adressait de Pont-à-Mousson à M. de Bismark, constituait le gouvernement général d'Alsace et de Lorraine, dans les limites mêmes qu'a consacrées plus de six mois plus tard le premier article des préliminaires de la paix ¹.

Si l'on compare l'organisation nouvelle aux divers régimes sous lesquels l'Alsace-Lorraine a été successivement placée depuis dix ans, — dictature pure et simple sous un gouverneur général militaire assisté d'un commissaire civil ; dictature tempérée par l'institution d'un président supérieur délégué direct du chancelier de l'empire ; régime constitutionnel restreint par des lois d'exception ; admission du pays à envoyer des députés au Reichstag ; création d'un comité consultatif à Strasbourg et d'une section spéciale pour l'Alsace-Lorraine près la chancellerie impériale de Berlin, etc., — il faut reconnaître que le pas qui vient d'être fait a tout au moins le mérite d'avoir enfin donné au « pays d'empire » un ensemble d'institutions politiques et administratives suffisamment homogène pour que ceux qui s'en tiennent aux apparences y puissent voir tous les éléments d'un régime légal acceptable et même libéral dans une certaine mesure.

1. On ne saurait trop rappeler ce fait, qui établit d'une manière irréfutable que, bien avant Sedan et la reddition de Strasbourg et Metz, le gouvernement prussien avait déjà arrêté l'étendue des revendications territoriales qu'il était résolu à faire valoir, pour peu que le sort des armes lui permit de dicter ses conditions.

Toutefois on revient vite de cette bonne impression première lorsque, examinant la force relative des rouages et des régulateurs du mécanisme, on cherche à se rendre compte de son fonctionnement.

Tout d'abord on reconnaît alors que ce n'est pas dans l'intérêt de l'Alsace-Lorraine qu'il a été imaginé, mais bien dans l'intérêt exclusif du Gouvernement et de ses fonctionnaires. Comme toutes les réformes antérieures, celle qu'a opérée la loi du 4 juillet 1879 provient uniquement du désir de supprimer certains frottements qui paralysaient l'énergie de l'action administrative.

Il importait d'arriver à mettre fin au dualisme que les régimes précédents avaient laissé subsister et qui retenait en toutes choses l'administration centrale de Strasbourg sous la dépendance de la chancellerie de Berlin, dont les résolutions étaient dictées de trop loin pour être toujours sages, opportunes et suffisamment promptes.

M. de Mœller, qui, jusqu'au mois d'octobre dernier, a rempli, non sans mérite, pendant près de huit années, les hautes et ingrates fonctions de président supérieur de l'Alsace-Lorraine, n'avait pas une autorité personnelle assez grande pour avoir osé secouer, autant qu'il l'eût fallu, la gênante tutelle sous laquelle le tenait une bureaucratie directement inspirée par M. de Bismark.

Il y avait pourtant nécessité administrative et urgence à modifier cet état de choses en transférant dans le pays même les autorités véritablement dirigeantes ; mais, pour réaliser cette réforme, que le gouvernement avait tous motifs de désirer et de poursuivre, il fallait d'abord trouver un personnage assez haut placé dans la hiérarchie et dans l'opinion publique pour que l'empereur pût l'investir des attributions de chef suprême, chargé de représenter en Alsace-Lorraine le principe souverain.

Les autonomistes, que M. de Bismark voyait avec plaisir prendre l'affaire à cœur et auxquels il laissait croire que c'était l'avènement du régime de leurs rêves qu'il s'agissait de hâter, osèrent élever leurs regards jusqu'au pied du trône impérial et demander qu'on leur donnât pour vice-roi le prince héritier en personne ; mais l'attentat de Nobiling et la régence qui en fut la suite vinrent trop tôt leur démontrer ce que leur féale ambition avait de chimérique.

M. de Bismark se chargea de suggérer une solution plus pratique en proposant à l'empereur la combinaison qui a été, en définitive, adoptée ; nous verrons plus loin ce que le choix de la personne de M. de Manteuffel a eu de profondément politique dans la pensée du chancelier impérial.

Ce point réglé, rien ne s'opposait plus à la translation à Strasbourg de l'ensemble des services jusqu'alors concentrés à Berlin entre les mains de M. Herzog, directeur des affaires alsaciennes à la chancellerie de l'empire et qui est maintenant devenu ministre d'État en résidence en Alsace-Lorraine. Supprimer les 800 et quelques kilomètres que les moindres affaires avaient à parcourir plusieurs fois avant d'aboutir fut l'idée dominante de l'organisation nouvelle; le reste n'a été que détails et changements d'étiquettes.

Sans la complicité naïve des autonomistes, le gouvernement allemand n'aurait peut-être pas encore osé réaliser une aussi importante réforme qui, sous les apparences de décentralisation, fortifie considérablement sa propre action, en lui permettant désormais d'imprimer à la machine administrative une marche plus régulière et plus suivie.

A son point de vue, le progrès est manifeste; on n'en saurait dire autant si l'on envisage les intérêts de l'Alsace-Lorraine. — J'aurai à indiquer plus tard à quoi se réduiront, dans la pratique, l'action personnelle de M. de Manteuffel et l'action collective du Landesausschuss ; constatons dès à présent que, sous le rapport administratif, le changement de régime n'a pas amené avec lui l'ombre de véritable autonomie.

XV

L'autonomie administrative suppose et exige, en effet, avant tout que la majorité des fonctionnaires soient originaires du pays, comme il arrivait en fait sous l'administration française, qui se prête en général volontiers au désir de ses agents de remplir de préférence leurs fonctions dans leur province, leur département ou même leur localité d'origine.

Dans ce sens, on peut dire que l'Alsace-Lorraine était, il y a dix ans, vraiment administrée par elle-même, et cette circonstance n'a pas peu contribué, au moment de l'invasion de cette province, à la rapide désorganisation de tous les services ; car presque chaque fonctionnaire, si haut placé ou si humble qu'il fût, se trouvait doublé d'un patriote dont la Prusse a vainement sollicité et marchandé le concours. Bien peu d'entre eux se sont laissé séduire par les offres tentantes que le vainqueur leur fit, car il n'est bientôt devenu que trop évident qu'elles ne lui étaient inspirées que par le désir de se donner le temps d'organiser son administration à lui ; les rares Alsaciens-Lorrains qui ont accepté ses avances, soit par convenance personnelle, soit dans la persuasion de servir ainsi les vrais intérêts de leur province, se sont vus insensiblement refoulés dans des emplois humiliants pour leur patriotisme ou leur dignité, et la position pénible, quoique dorée, qui leur fut faite dès l'abord, n'était pas de nature à susciter beaucoup d'imitateurs.

Aussi, l'une des formules favorites des autonomistes : « le gouvernement du pays *par* le pays » a-t-elle échoué surtout devant le bon sens alsacien. — Il fallait être bien aveugle et singulièrement ignorant des exigences traditionnelles de la bureaucratie prussienne, surtout en pays conquis, pour avoir pu supposer un seul instant, comme quelques autonomistes semblent encore s'obstiner à le faire, que, si les Alsaciens-Lorrains n'avaient pas inconsidérément refusé leur concours, il leur aurait été aisé d'obtenir la constitution d'une sorte d'administration « à la papa », dont ils eussent conservé eux-mêmes la libre direction.

C'était caresser de bien naïves illusions et prouver qu'on ne connaissait rien du fonctionnement en quelque sorte fatal du système prussien.

Dans le jeu de ce système, la machine bureaucratique est un organisme tout aussi essentiel, aussi un et aussi rigoureusement agencé que l'armée, dont elle forme le complément nécessaire : ce que l'une conquiert, l'autre a pour tâche de le broyer, de le pétrir et de l'assimiler.

Au temps jadis, les chevaliers de l'ordre teutonique et les frères porte-glaive, qui ont arraché la Prusse à la barbarie et à l'idolâtrie païenne où elle s'est attardée jusqu'en plein xiv° siècle, remplissaient à la fois cette double charge. Plus tard, les services, se multipliant et se compliquant, ont dû être scindés, sans toutefois que jamais ait été rompu et moins encore coupé le lien qui unit étroitement l'une à l'autre les deux institutions, dans ce pays de stricte tradition, où tout bon fonctionnaire doit avoir été sous-officier un instant au moins dans sa vie, ne fût-ce que pour apprendre, au maniement des recrues, l'art tout prussien d'être raide et cassant — *stramm und rücksichtslos* — dans le gouvernement des hommes.

A vrai dire, l'administration prussienne n'est autre chose qu'une milice qui ne diffère de l'armée que par la couleur des passepoils d'uniforme. Dans cette milice, on admet bien à servir en sous-ordre, et dans une mesure prudemment calculée, des mercenaires fournis par les diverses peuplades assujetties, mais il est de principe rigoureux que les chefs qui en composent, à divers degrés, les cadres soient tous de provenance prussienne, surtout dans les services dont le personnel est appelé à entrer en contact immédiat et direct avec les populations.

De même qu'après Sadowa la Prusse envoya en profusion dans l'Allemagne du Sud des officiers chargés de façonner les troupes de ses nouvelles alliées, de même, lors de l'organisation première de l'administration allemande en Alsace-Lorraine, toutes les places de chefs de service furent attribuées à des sujets prussiens ; on ne fit d'exception que pour le service des douanes, dont les agents, par la nature de leurs fonctions, ne peuvent exercer sur les populations qu'une médiocre influence, mais sont exposés, en revanche, à récolter beaucoup d'impopularité : double raison pour en faire des places excellentes à offrir aux « confédérés ».

Il en a été à peu près de même dans la réorganisation récente, qui a installé en Alsace-Lorraine les rouages ministériels et qu'on a essayé de faire passer pour la consécration de l'autonomie administrative. La Prusse a eu grand soin de réserver à ses nationaux la direction des services relatifs à l'administration proprement dite et à la justice, tandis qu'elle a libéralement abandonné à un ministre d'origine bavaroise le soin de remettre, s'il se peut, un peu d'ordre et d'économie dans les finances si malades du pays, et qu'elle a demandé aux Alsaciens, qui n'en ont eu souci, de découvrir parmi eux quelqu'un qui voulût se charger du relèvement de l'industrie, du commerce et de l'agriculture, que le régime allemand a si promptement mis en si piteux état. La mission était vraiment trop ingrate et trop désespérée pour tenter personne, et l'ensemble même de la réorganisation se présentait sous un jour trop peu « autonome » pour inspirer aux Alsaciens-Lorrains l'envie d'y apporter, à quelque titre que ce fût, le concours de leur collaboration.

D'ailleurs, l'eussent-ils voulu, les mesures étaient prises à l'avance pour empêcher de leur part tout envahissement dangereux ou même simplement incommode. Moins de quinze jours après l'installation de l'administration nouvelle, un avis envoyé aux journaux faisait savoir que le nombre des compétiteurs aux places disponibles avait été si grand qu'il suffirait pour longtemps à pourvoir à toutes les vacances éventuelles et qu'aucune candidature nouvelle ne serait donc plus accueillie.

Ce ne sont pas, on peut l'affirmer, les Alsaciens-Lorrains qui se sont élancés de la sorte à la chasse aux emplois, puisque, dernièrement encore, les représentants du pays examinaient l'opportunité d'attirer vers les fonctions publiques, par l'appât de subventions ou de primes, de jeunes candidats indigènes !

XVI

Ces places que dédaignent les Alsaciens, sachant d'avance les humiliations qu'elles leur infligeraient, les Allemands en sont, au contraire, fort avides, parce qu'elles sont grassement rétribuées et que le fonctionnarisme a fait dans le jeune empire des progrès bien étonnants chez un peuple si enclin autrefois à narguer le penchant des Français pour le costume officiel.

M. de Bismark fait, il est vrai, ce qu'il peut pour encourager et développer cette passion, dont il use pour étendre plus vite à l'Allemagne entière « l'institution éprouvée » de la bureaucratie prussienne, à l'aide de laquelle il compte extirper tout à fait le mal du particularisme. Aussi a-t-il voulu que les fonctionnaires impériaux, dont la loi du 31 mars 1873 a réglé avec autant de libéralité que de minutie la condition légale, eussent dans l'État une situation préférable à nulle autre, et c'est surtout pour en accroître rapidement le nombre qu'il a tant à cœur d'attribuer à l'empire l'exploitation générale des chemins de fer et le monopole des tabacs.

Il sait bien qu'avec des cadres prussiens, toute administration organisée selon ses vues ne pourra être que prussienne, quels que soient les pays tributaires ou vassaux qu'on admettra à en fournir le personnel subalterne : sous la rigoureuse discipline qui contient et assouplit les divers organes de la machine, ne tarde pas à être étouffé tout sentiment autre que celui du fonctionnaire dévoué au pouvoir qui lui assure la subsistance et auquel il se croit tenu, en retour, de gagner des prosélytes.

Une fois enrôlé dans les fonctions publiques, le premier devoir du Prussien est de se faire l'esclave du règlement ; son idéal doit être d'en devenir l'incarnation : dans la milice dont il a l'honneur de faire partie, on ne tolère pas de « baïonnettes intelligentes ».

Le parfait employé, quel que soit son rang, s'interdit à lui-même tout pouvoir d'appréciation ; il croirait manquer aux plus élémentaires obligations envers l'État qui le salarie, s'il se permettait, dans l'exercice de ses fonctions, de tenir compte des circonstances et des situations et de ne point aller jusqu'au bout de ce que la loi lui dicte, dût son bon sens protester et le sens commun en souffrir.

M. Herzog, premier ministre en Alsace-Lorraine, exposait dernièrement, devant le Landesausschuss, cette théorie avec une candide franchise qui montre bien à quel point elle est enracinée dans les usages administratifs prussiens :

« L'administration allemande, a-t-il dit, a trouvé (en Alsace-Lorraine) un grand nombre de lois d'ancienne date, souvent changées, *fréquemment en contradiction entre elles*, sans savoir au juste ce qui était tombé en désuétude ni ce qui était pratique. Fréquemment elle s'en est *tenue à la lettre*, — *elle ne pouvait faire autrement*, — ignorant que, dans le cours des temps, le gouvernement (français) avait laissé tomber mainte disposition en désuétude sans l'abroger formellement. »

Il serait difficile de mieux mettre en lumière le principe dirigeant de l'administration prussienne et la différence radicale qui en distingue les procédés de ceux de l'administration française, à laquelle elle s'est si brusquement substituée en Alsace-Lorraine.

Pour les Français, les règlements les plus impératifs ne tardent pas à s'user, à n'être plus qu'une sorte de thèmes musicaux, se prêtant à toutes les variations, fioritures et habiletés de doigté qui paraissent propres à en atténuer, dans l'application, la sécheresse et la dureté par des tempéraments d'équité ; les défaillances mêmes ne perdent jamais leurs droits et concourent à adoucir les rigueurs de la lettre.

Le système prussien y met moins de délicatesse, sans doute parce qu'il lui serait difficile d'exiger de ses agents le tact qu'en France on tient, non sans raison, pour une des qualités premières de l'administrateur.

En Prusse, il est de principe que l'État n'a jamais trop de droits, qu'en bonne règle il devrait même être seul à en posséder (à peu près comme M. de Bismark voudrait que le trésor de l'empire fût l'unique dispensateur de la fortune publique), et qu'en tout cas son devoir est de toujours prendre et de ne rien abandonner jamais de ce qui peut le fortifier dans ses retranchements.

C'est ainsi qu'à toute la pesanteur du moyen âge, qui plaçait l'autorité partout et la responsabilité nulle part, on est parvenu à joindre l'exactitude et la précision des procédés modernes imaginés dans les bureaux. Le sujet, qui n'était autrefois que taillable et corvéable, est devenu administrable par surcroît ; à la crosse épiscopale, sous laquelle jadis il faisait quelquefois bon vivre, on a substitué la crosse de fusil.

La machine administrative, telle qu'elle est agencée en Prusse, où il a passé en article de foi qu'un règlement quelconque doit être appliqué avec la même rigueur qu'un tarif d'enregistrement ou de douane, justifie plus qu'aucune autre les multiples métaphores que la langue vulgaire emprunte en pareille matière à l'industrie métallurgique et aux arts mécaniques : ce ne sont partout que rouages, engrenages, laminoirs, filières et grincements, et des mécaniciens si amoureux de leur machine, qu'ils arrivent à ne plus voir qu'elle au monde.

Le produit le plus récent et, partant, le plus perfectionné du système administratif prussien est l'institution des *Kreisdirectoren*, qui remplacent en Alsace-Lorraine les sous-préfets.

La situation indépendante que la loi leur assure et l'initiative qui leur est laissée en toute matière d'administration courante les portent à devenir de petits autocrates, toujours présents, toujours agissants, et d'autant plus intraitables et inabordables, qu'ils se font une idée plus haute de leur importance gouvernementale.

Des vingt ou vingt-deux fonctionnaires de ce

genre qui se partagent l'administration du territoire d'Alsace-Lorraine, on n'en cite guère qu'un ou deux qui aient réussi à conquérir quelque sympathie auprès des populations, à force surtout de s'être appliqués à faire oublier leur origine et leur qualité.

Leurs autres collègues qui, eux, sont *Kreisdirectoren* dans l'âme, passent généralement pour avoir tous les défauts et toutes les petitesses de l'emploi, au jugement des Alsaciens-Lorrains du moins, encore imbus, et pour cause, des manières de voir françaises ; — car, dans les idées prussiennes, un fonctionnaire se doit de ne permettre jamais qu'on oublie qu'il est fonctionnaire ; investi d'un office, il est tenu à officier sans cesse, et généralement il ne s'en fait pas faute.

Avec le vif sentiment qu'il a des devoirs de sa charge et la conscience qu'il met à s'en acquitter, il devient volontiers despote, souvent sans s'en douter et ne sachant souvent aussi corriger ses rigueurs que par des familiarités blessantes ou des airs protecteurs irritants.

C'est une tyrannie de tous les instants, lente, laborieuse, patiente, infatigable, tenace, réfléchie, pédante, prosaïque, paperassière, formaliste, taquine, bourrue au besoin ; une autocratie, moins le « panache » qui la ferait accepter des foules, un pouvoir exercé à coups d'épingle, peu accessible, sans bienveillance générale, mais par contre très porté à octroyer des faveurs à quiconque s'abaisse à en solliciter de lui.

Ajoutez à cela une susceptibilité ombrageuse, inspirée par la contrariété qu'éprouve d'avoir mal fait un Allemand qui ne demande qu'à bien faire, mais qui ignore le secret de s'y prendre, et qui se venge sur ses administrés des échecs et des humiliations que lui valent les mauvais conseils qu'il accepte des déclassés de petite ville dont il forme sa petite cour.

C'est un fait bien remarquable, qu'après dix ans de peines et d'efforts, les administrateurs allemands ne soient pas encore parvenus à faire oublier à ces populations, dont pourtant ils parlent la langue, le temps où on leur envoyait d'au delà des Vosges des préfets et des sous-préfets qu'elles ne comprenaient pas, mais avec lesquels néanmoins elles s'entendaient à merveille. Cela n'est assurément pas à l'éloge de la bureaucratie allemande, dont les procédés n'ont réussi qu'à exciter les antipathies d'une population essentiellement douce et paisible, mais habituée à d'autres façons que celles auxquelles on voudrait la dresser.

Cette bureaucratie est érigée par la loi et la

coutume en une véritable caste sociale, placée bien au-dessus du vulgaire, et ayant ses immunités à elle, ses privilèges, ses exemptions de juridiction, une indépendance à peu près absolue, sinon en droit, du moins en fait, et une organisation qui répartit, distribue et disperse si habilement les responsabilités, qu'elles deviennent insaisissables pour les administrés; — à tel point qu'il est permis d'affirmer que, s'il existe actuellement quelque chose de réellement *autonome* en Alsace-Lorraine, c'est l'administration allemande qui y est installée.

Les autonomistes peuvent se vanter d'avoir rendu un singulier service à leurs compatriotes en aidant avec tant de zèle le Gouvernement impérial à établir tout à son aise dans le pays un aussi formidable engin de compression.

XVII

Quant aux populations, la seule autonomie dont elles aient été appelées à jouir jusqu'à présent est d'une nature tellement originale, qu'elle ne peut être que le fruit d'un malentendu.

Les autonomistes se seront mal fait comprendre en choisissant pour cri un mot qui n'est pas d'un usage courant dans la langue administrative prussienne. Pour l'interpréter, il a fallu recourir aux lexiques, qui en ont fourni le sens littéral, et c'est généralement à ce sens-là que les Allemands s'attachent le plus volontiers : ce n'est qu'ainsi que peut raisonnablement s'expliquer l'étrange confusion législative qui règne depuis près de dix ans en Alsace-Lorraine, où, sous prétexte de laisser aux habitants leur « législation propre », toutes les lois françaises répressives et fiscales ont été consciencieusement maintenues en vigueur cumulativement avec celles que le nouveau régime a, dans les mêmes matières, jugé bon d'introduire sur ce territoire depuis qu'il est devenu allemand.

On imagine aisément les conséquences qui naissent, pour les administrés, les contribuables et les justiciables, de cet ingénieux système législatif, surtout quand l'application en est confiée à une administration dressée à être aussi scrupuleuse que nous l'a dépeinte M. Herzog, à concilier même l'inconciliable et à ne rien se laisser perdre des règlements neufs ou vieux.

C'est ainsi, par exemple, que l'Alsace-Lorraine jouit du privilège, certes rare, de posséder aujourd'hui un double code pénal et surtout un arsenal particulièrement riche de lois d'exception de toute sorte, formé par la fusion inattendue des dispositions répressives qu'ont inspirées, à vingt ans de distance, le régime révolutionnaire et dictatorial français de 1848 à 1852 et le régime dictatorial et militaire allemand de 1870 à 1874[1].

L'esprit philosophique des Allemands ne trouve rien de choquant à invoquer, entre autres, l'an-

---

1. Ce système législatif « culmine », comme diraient les Allemands, dans l'article 10 du décret-loi du 30 décembre 1871,

cienne législation française pour contraindre les représentants de l'Alsace-Lorraine à prêter serment de fidélité à l'empereur d'Allemagne, pas plus qu'à poursuivre, en vertu de cette même législation, la vente d'emblèmes aux couleurs françaises, réputés séditieux en Alsace-Lorraine, alors qu'ils sont fabriqués et vendus en toute sécurité sur la rive droite du Rhin par d'excellents patriotes allemands.

Afin sans doute de mieux faire ressortir ce qu'a de spécial au pays « d'empire » cette façon d'autonomie, ce sont les quelques anciens

---

sur l'organisation administrative en Alsace-Lorraine, et dont voici la traduction :

« En cas de péril pour la sûreté publique, le président supérieur est autorisé à prendre immédiatement toutes les mesures qu'il jugera propres à obvier au danger. Il est en particulier autorisé à exercer dans la région exposée au danger, les pouvoirs que l'article 9 de la loi (française) du 9 août 1849 confère, en cas d'état de siège, à l'autorité militaire. Les mesures prises devront être portées sans retard à la connaissance du chancelier de l'empire. — Le président supérieur a le droit, dans des buts de police et en particulier pour l'exécution des mesures ci-dessus prévues, de requérir les troupes qui se trouvent en Alsace-Lorraine. »

L'article 2 de la loi du 4 juillet 1879, constitutive de la nouvelle organisation, a expressément transmis au *Statthalter* « les pouvoirs extraordinaires conférés au président supérieur par l'article 10 de la loi du 30 décembre 1871 ». Ce dernier article est donc encore aujourd'hui en pleine vigueur, malgré l'établissement d'un régime prétendu légal et normal.

magistrats français passés au service de l'Allemagne qui sont choisis de préférence pour faire à leurs concitoyens l'application de cette législation complexe.

En face d'un tel régime, il est ridicule de parler d'autonomie : c'est en vain qu'on allègue l'existence de ministres, de sous-secrétaires d'État, de conseillers ministériels : tout cet imposant ensemble de hauts fonctionnaires n'est qu'un joli décor, ingénieusement imaginé pour sauver les apparences.

Dans la réalité, l'Alsace-Lorraine demeure politiquement *terre d'empire*, ayant mêmes devoirs et mêmes charges, mais non pas mêmes droits que les États confédérés auxquels nominalement elle appartient en commun. Elle n'est point traitée en égale, ni même en vassale, mais en serve, et cette situation anormale a été plutôt accentuée qu'atténuée par la création d'un lieutenant impérial, de l'existence duquel dépend entièrement le maintien de l'organisation nouvelle : rien, en effet, n'indique mieux ce qu'a d'instable et de précaire le régime sous lequel cette province est maintenant placée.

Administrativement, elle appartient à une colonie de fonctionnaires étrangers, vivant sur le pays et y ayant acquis une situation telle, qu'ils en sont, s'il leur plait et toutes les fois qu'il leur conviendra, les seuls maîtres.

Ce n'est qu'en matière budgétaire que la nouvelle organisation a sérieusement innové, puisqu'il en est directement résulté pour les contribuables un surcroît de plus de 600,000 francs de charges annuelles.

Encore si, en récompense, le Gouvernement avait jugé les Alsaciens-Lorrains dignes d'être affranchis de la dictature permanente sous laquelle le pays est tenu depuis le premier jour de la conquête! Mais la loi constitutionnelle récente, du 4 juillet 1879, a eu soin de consacrer à nouveau cette dictature, à titre de régime légal, en transportant du président supérieur supprimé au lieutenant impérial institué les pouvoirs exorbitants que confère à l'autorité la législation française de 1849 sur l'état de siège.

Assurément, la personne de M. de Manteuffel est une garantie contre l'abus de tels pouvoirs, mais c'est avant tout, ce nous semble, au remarquable esprit de sagesse dont les populations d'Alsace-Lorraine ont donné tant de preuves depuis dix ans qu'il convient de faire honneur de l'oubli où dorment les formidables instruments de répression que, dans sa débilité inquiète, l'autorité allemande croit néanmoins indispensable de tenir constamment sous sa main.

En vérité, c'est là, après un temps si long, un singulier régime « définitif » qu'on offre à des « frères reconquis », et l'on concédera que, tant au point de vue administratif que sous le rapport politique, leur docilité et leur soumission méritaient peut-être un peu mieux de la part d'un gouvernement qu'on aurait pu supposer, dans sa magnanimité, plus jaloux qu'il ne l'est en fait, de leur donner quelque marque de confiance et d'amour.

Reste, il est vrai, la part qui est assignée au Landesausschuss dans l'organisation nouvelle : le moment est venu d'examiner, au point de vue pratique, le rôle que cette assemblée législative est appelée à jouer.

XVIII

On sait que le Landesausschuss, créé en octobre 1874, ne fut, à l'origine, qu'un simple comité consultatif de trente membres, pris par voie de délégation au sein des trois Conseils généraux du pays, eu vue d'éclairer de ses avis l'Administration, restée abandonnée jusque-là à ses propres lumières, et de faire en même temps échec à la députation, toute d'opposition, que les électeurs d'Alsace-Lorraine venaient d'envoyer au Reichstag.

Le parti indépendant, composé des deux groupes qu'autonomistes et Allemands se plaisent à qualifier de « protestationnistes » et d'ultramontains, et qui comprend environ les quatre cinquièmes ou tout au moins les trois quarts du corps électoral, était demeuré complètement étranger à la formation des Conseils généraux depuis le jour où le Gouvernement, s'armant d'une ancienne loi française antérieurement abrogée, avait soumis les membres de ces assemblées à la prestation d'un serment politique.

J'ai dit ailleurs à l'aide de quelles majorités de rencontre on arriva finalement à constituer ces Conseils, dont la plupart des membres étaient déjà politiquement assermentés à d'autres titres[1]. La délégation qui en devait sortir ne pouvait être que tout à la dévotion du Gouvernement. Elle lui rendit, en effet, des services assez appréciables pour que, trois ans plus tard, en 1877, dans son désir d'empêcher la reproduction trop fréquente des désagréables débats que les députés alsaciens et lorrains de l'opposition provoquaient à la tribune du parlement de Berlin, il demandât au Reichstag, qui y consentit, de renoncer, en faveur du Landesausschuss autonomiste, au droit de légiférer sur les choses d'Alsace-Lorraine.

Le parti indépendant se trouvait ainsi graduellement écarté, en fait, de toute participation aux affaires publiques, et cette situation commençait à le préoccuper quand survint la loi du 4 juillet

---

1. Voir la *Revue des Deux Mondes* du 15 mars 1878, pages 469 à 471.

1879, constitutive de l'organisation nouvelle. En vertu de cette loi, le Landesausschuss, désormais composé de cinquante-huit membres au lieu de trente, cesse d'être une simple délégation des Conseils généraux pour devenir un corps plus sérieux, possédant tout au moins les rudiments d'une véritable assemblée délibérante et parlementaire, où toutes les nuances d'opinion pourront trouver place.

En présence d'une telle transformation, le parti indépendant ne pouvait, sans abdiquer, persister davantage dans son ancienne politique d'abstention.

Aussi la loi nouvelle amena-t-elle un premier résultat qui n'est pas précisément celui que le Gouvernement attendait : il se produisit, dans l'attitude du corps électoral, une évolution subite et de sérieux symptômes de réveil de la vie politique, après que les candidats du parti indépendant se furent déclarés prêts à se soumettre désormais au serment exigé des élus.

Cette résolution a paru surprendre l'Administration, qui en a témoigné une contrariété très vive. M. de Manteuffel, qui faisait, au moment de l'ouverture de la période électorale, sa visite de prise de possession à Metz, y réprouva publiquement, en termes indignés, le conseil donné par divers journaux de prêter le serment « sans se croire pour cela engagé dans ses sentiments intimes ».

« Devant de telles théories, a dit un peu pompeusement le feld-maréchal, une âme allemande recule d'effroi, et une pareille argutie, qui n'est ni allemande ni française, est faite pour révolter *même* dans le chevaleresque pays de Bayard. »

Ce courroux sied à un soldat, esclave de son devoir, de la parole donnée, de l'obéissance à son souverain et du serment qu'il a prêté au drapeau ; mais, dans la vie civile, il en va autrement.

Le serment politique cesse d'être aussi respectable que M. de Manteuffel le pense quand un gouvernement n'y recourt que pour tenir à l'écart des contradicteurs gênants, qui tirent de la Constitution le droit et de leur conscience le devoir de prendre souci de l'intérêt public.

S'il est, en pareil cas, quelque chose qui «révolte», pour répéter le terme, peut-être un peu gros, dont le *Statthalter* s'est servi, c'est moins le fait de celui qui, surmontant la contrainte morale qui lui est imposée, prête, malgré ses répugnances, le serment exigé, que l'acte des gouvernants qui violentent les consciences dans l'intérêt exclusif de leur politique, à l'aide d'une arme peu courtoise, que, par surcroît, ils s'en vont emprunter à un arsenal étranger.

Ce ne sont là ni arguties ni sophismes. Depuis que les sujets, dépourvus de tous droits, sont devenus des citoyens légalement admis à concourir à la gestion de la chose publique, le serment politique imposé aux mandataires du pays a cessé d'être légitime, car il n'appartient pas au pouvoir contrôlé de tenter d'écarter le contrôle par de tels obstacles, qui ne nuisent, au surplus, qu'à ceux qui, les ayant imaginés, les croient infranchissables.

Il arrive, en effet, toujours un moment dans la vie publique où les partis vaincus cessent de bouder, c'est-à-dire d'être dupes, pour se mettre à agir. En Alsace-Lorraine, le parti indépendant a reconnu que ce moment était venu pour lui, et c'est pour ce motif que ses candidats ont hardiment franchi l'obstacle qu'on leur opposait.

Il semble que le Gouvernement, au lieu d'en paraître ému, aurait dû voir dans ce fait une garantie tout à fait rassurante pour lui, puisqu'en prêtant le serment, au risque d'être tenus par le vulgaire pour traîtres à leur cause, ces adversaires politiques se sont soumis, au cas où ils y failliraient, aux peines sévères de la haute trahison. Pourquoi dès lors vouloir scruter leurs sentiments intimes?

Prétendrait-on qu'en jurant fidélité à l'empereur Guillaume, ils étaient obligés en conscience de faire du même coup une déclaration implicite de foi en la perpétuité de la paix de Francfort et de l'ordre de choses qu'elle a établi? Ce serait se mettre en contradiction bien singulière avec les doctrines les plus certaines de l'école historique allemande, attendu qu'aucun fait d'expérience n'a été historiquement démontré plus souvent que la durée essentiellement éphémère des traités de paix et des empires !

La vérité est que la résolution prise par les candidats du parti indépendant a fort contrarié le Gouvernement et considérablement dérangé ses calculs. Il espérait que l'opposition persisterait dans son intransigeance et son inaction, et qu'ainsi le nouveau Landesausschuss ne différerait guère de ses aînés, qu'on avait pris l'habitude de désigner familièrement sous le nom de « Chambre des notaires », tant y étaient nombreux les officiers ministériels et autres sommités cantonales de même importance.

Toutes les précautions semblaient avoir été prises par la loi pour conserver à l'institution ce caractère d'assemblée de ruraux dévoués au pouvoir :

contre l'attente générale, les trente membres en fonctions dans la précédente assemblée, et dont l'Administration avait été en mesure d'éprouver l'humeur accommodante, furent maintenus dans leur mandat sans investiture nouvelle, et l'on s'est borné à leur faire adjoindre vingt-sept nouveaux collègues nommés, les uns par les Conseils généraux, d'autres par les communes rurales groupées par arrondissements, d'autres encore par les conseils municipaux de Metz, Colmar et Mulhouse.

Aux chances favorables à sa politique que le Gouvernement attendait de ce mode compliqué d'élection à deux degrés et à triple origine, a été ajoutée l'obligation pour les candidats d'être domiciliés dans la circonscription, en vue d'écarter certaines notabilités déplaisantes, — en même temps que la ville de Strasbourg, où la plupart de ces notabilités résident et qui est administrée dictatorialement depuis plus de sept ans par le directeur de la police allemande, reste indéfiniment privée, en vertu d'une disposition spéciale, de la voix qui lui appartient dans l'assemblée reconstituée.

Les électeurs ne se sont pas laissé rebuter par tant d'entraves : ils ont réussi du premier coup à introduire dans le nouveau Landesausschuss quelques hommes dont la seule présence suffit à autoriser l'espoir qu'enfin le vrai pays va se faire entendre dans cette assemblée, qui n'avait été, pendant six ans, que l'émanation d'une sorte de pays légal, trié et réduit jusqu'au grotesque.

Ce n'est encore toutefois qu'un commencement : il était inévitable que le parti autonomiste conservât un reste de prépondérance dans ces premières élections, car il a jusqu'à présent régné en maître dans les corps électifs, appelés à concourir dorénavant à la formation de la délégation provinciale ; mais cette situation transitoire se modifiera promptement. Du moment que les moindres élections vont prendre une importance politique et que l'épouvantail du serment a fait son temps, le champ d'action du parti indépendant s'élargit, et c'est dans le pays même et non plus seulement au Reichstag qu'il aura maintenant occasion de prouver, en toute circonstance et à tous les degrés, son influence et sa force.

On pourra apprécier ainsi, dans un avenir prochain, à quoi se réduisent les progrès réels de la germanisation et ce qui restera sous peu du bruyant parti autonomiste, qui n'a jamais dédaigné, quoiqu'il s'en défende, de solliciter le bienveillant concours de l'Administration et d'aller chercher l'appoint indispensable à ses succès dans l'élément immigré du corps électoral.

XIX

Dès sa première session, qui s'est prolongée pendant quatre grands mois, le nouveau Landesausschuss a montré une certaine crânerie d'allures qu'on n'osait guère espérer lui voir prendre si tôt. Il s'est produit dans son sein comme un phénomène d'absorption des nébulosités autonomistes par les éléments plus résolus, plus décidés et plus agissants que les électeurs ont infusés à ce corps, en y faisant entrer notamment cinq des députés de l'opposition ainsi que l'ancien député de Thionville, qui avait succombé, aux élections dernières, sous la coalition des autonomistes et des Allemands.

L'assemblée, se sentant plus nombreuse, est par cela même devenue plus osée, et, comme il arrive souvent, ce sont les timides et les trembleurs de la veille qui ont été les plus empressés à afficher leur indépendance et leur audace. On s'est tout de suite mis à prendre le rôle au sérieux et à jouer au petit parlement.

Les résultats obtenus ont-ils répondu à une aussi belle ardeur? C'est une autre question.

Le parti autonomiste a fait grand bruit du droit d'initiative dont la nouvelle organisation a doté le Landesausschuss, et les représentants du gouvernement ont eux-mêmes exhorté à diverses reprises l'assemblée à user largement de cette prérogative. De son côté, M. de Manteuffel a bien voulu lui rappeler ce que M. de Bismark avait déjà dit, en 1871, du prétendu privilège de l'Allemagne de pouvoir assurer aux siens plus d'indépendance et de libertés réelles qu'aucun autre pays.

Il fut un temps où cela a pu être vrai ; mais il nous semble que la fondation de l'empire a nui quelque peu dans la pratique à cette donnée, désormais perdue, comme tant d'autres choses, dans les régions sereines des souvenirs.

En tout cas l'Alsace-Lorraine ne saurait aspirer, sous ce rapport, à devenir l'égale de l'heureuse Bavière, qui, entre autres libertés, a réussi, non sans peine il est vrai, à conserver du moins celle de maintenir la chenille nationale sur le casque de ses troupes, ni du Wurtemberg et du grand-duché de Bade, qui, eux aussi, jouissent de quelques « droits réservés », ni même d'aucun des autres États confédérés, auxquels a été laissée, dans le règlement de leurs affaires intérieures, quelque ombre d'indépendance, que la charge annuelle toujours croissante des contributions matriculaires réduit d'ailleurs, en fait, à bien peu de chose.

L'Alsace-Lorraine, n'étant pas un *État*, n'a politiquement aucun droit ; c'est un territoire indivis, administré par des fonctionnaires de l'empire, ou mieux un champ d'essai sur lequel la Prusse introduit et expérimente à sa guise les institutions et les lois qu'elle se propose de généraliser et « d'impérialiser » plus tard.

On a vu en quoi consiste, dans la réalité, l'autonomie laissée aux Alsaciens-Lorrains. En législation comme en administration, tous les points stratégiques ont été solidement occupés, et le Landesausschuss se heurtera à des obstacles insurmontables toutes les fois que, désireux d'user, comme on l'y encourage, de son droit d'initiative et jaloux de se faire l'interprète de l'opinion publique, il voudra tenter de replacer l'Alsace-Lorraine sous un régime légal tolérable.

A tout instant, il devra reculer devant les chausse-trapes habilement semées sur son chemin par des lois impériales qui le rappelleront au juste sentiment de son impuissance. Il lui sera bien permis d'émettre respectueusement des vœux dont les statisticiens de l'assemblée prendront plaisir à tenir catalogue exact; mais c'est à cela que se bornera le fruit de ses efforts dans toutes les questions où les intérêts généraux du pays sont le plus gravement lésés par le régime allemand.

C'est en vain, par exemple, que le Landesausschuss s'efforcera, comme il vient déjà de l'essayer, de rendre un peu plus supportable la dure condition imposée aux optants et à leurs familles par un gouvernement qui n'a pas dédaigné de faire du mal du pays un des principaux auxiliaires de sa politique : l'article 11 de la loi militaire du 2 mai 1874, spécialement rédigé en vue de faire échec à l'émigration alsacienne-lorraine, empêche par avance toute concession sérieuse sur ce point, qui intéresse pourtant au plus haut degré la prospérité d'un pays où l'émigration a créé des vides si funestes.

De même, l'article 31 de la loi du 7 mai 1874 sur le régime de la presse dans l'empire allemand a exclu formellement les Alsaciens-Lorrains de la jouissance des libertés qu'elle règle, et ce n'est que par tolérance et à titre d'essai que, dans son équité, M. de Manteuffel a pris sur lui d'atténuer un peu, en cette matière, les rigueurs de la précédente administration.

L'inviolabilité du domicile et la liberté individuelle ne sont pas mieux garanties, puisqu'une des premières dispositions de la loi du 4 juillet 1879 a été de consacrer législativement à nouveau le principe de l'état de siège permanent, sous lequel l'Alsace-Lorraine est tenue en vertu de l'article 10 du décret du 30 décembre 1871.

Il serait facile de multiplier ces exemples, notamment en matière fiscale. Malgré ses efforts et sa bonne volonté, le Landesausschuss ne pourra rien contre ce savant réseau de dispositions législatives placées hors de sa portée et qui servent d'instruments et de base à l'œuvre de la germanisation.

Il éprouvera cette même impuissance quand il en viendra, comme il le projette, à aborder la question du personnel administratif et de la réduction du chiffre des traitements, indemnités et pensions, qui imposent depuis trop longtemps au budget d'Alsace-Lorraine des charges véritablement ruineuses.

La seule administration des sous-préfectures, qui n'entraînait guère, sous le régime français, qu'une dépense annuelle de 60,000 francs pour les trois départements, dévore maintenant plus de 300,000 francs par an; il est vrai qu'à ce prix chaque sous-préfet touche une indemnité spéciale de 4,000 francs pour l'entretien de la voiture et des deux chevaux jugés indispensables au maintien de son prestige. Les contribuables estiment que c'est les condamner à payer un peu cher une chose impalpable et qu'en général il serait temps, aujourd'hui que le budget qu'ils alimentent a si grand'peine à joindre les deux bouts, de reviser dans son ensemble une tarification qui a pour effet d'absorber, comme je l'ai dit, plus de 13 0/0 des revenus de la province et qui date d'une époque où la magie des milliards avait troublé en Allemagne les saines notions de l'arithmétique budgétaire.

Malheureusement, de ce côté aussi, le mal est devenu pour longtemps irréparable, et le Landesausschuss, quelque rigueur qu'il y mette, ne réussira en définitive à faire, sur les dépenses du personnel et des bureaux des divers services, que des économies de bouts de chandelle. Ce n'est pas, en effet, sans motifs que l'administration allemande a été organisée sur un si large pied:

fonctionnaires et employés sont autant de pionniers du germanisme, et, puisque les Alsaciens-Lorrains s'obstinent à ne rien faire pour leur rendre la vie agréable et commode, il faut bien que de gros traitements et autres « douceurs », comme on dit en Prusse, leur tiennent lieu de fiche de consolation. Leurs droits à tous sont désormais acquis ; la loi impériale allemande, qui a étendu le principe de l'inamovibilité absolue à toutes les branches de l'administration, assure, sauf de rares exceptions, au moindre employé et au plus modeste fonctionnaire de l'empire une situation matérielle à peu près inexpugnable.

Installés dans la place, il est naturel qu'ils entendent y rester, et si le Landesausschuss, faisant le compte, s'avisait de trouver qu'il en est parmi eux un grand nombre dont « le bien du service » se passerait à merveille, l'Administration se hâterait de lui répondre par la bouche de M. Herzog :

> Je suis prête à sortir avec toute ma bande,
> Si vous pouvez nous mettre hors.

Le Landesausschuss s'y casserait les dents.

Il a déjà pu voir, dans une circonstance récente, le danger qu'il y a de s'attaquer, même indirectement, à cette gent d'autant plus irritable et plus susceptible qu'elle a conscience de rem-

8.

plir strictement ses devoirs envers l'empire en se montrant le plus rêche qu'elle peut à l'égard d'adversaires avoués des institutions qu'elle sert. Une commission du Landesausschuss ayant consigné dans son rapport des critiques très fondées sur certains détails de service, les fonctionnaires qui se sont crus atteints ont aussitôt menacé, par la voie de la presse, rapporteurs et orateurs de les poursuivre en diffamation s'ils persistaient à se mêler des choses qui ne les regardent pas. Le Landesausschuss, justement offusqué, s'est alors souvenu que le législateur avait négligé de lui assurer par l'inviolabilité parlementaire une entière liberté de discussion, et il a réclamé pour ses membres cette immunité reconnue indispensable à toute assemblée délibérante, mais qu'on n'aura garde de lui accorder.

L'administration veut tenir le Landesausschuss sous sa dépendance et ne le trouve déjà que trop émancipé par l'intrusion de certaines personnalités qui y ont pénétré en se soumettant, contre toute attente, à la formalité du serment.

XX

C'est, on le voit, un rôle des plus ingrats et plein d'embûches que celui qui est assigné à cette assemblée. Entre l'Administration et elle, la partie n'est rien moins qu'égale. On ne réussira à faire bon ménage qu'à condition d'aller, en toute chose de quelque importance, au devant des désirs d'en haut.

Le Landesausschuss ne peut rien sans l'assentiment du Conseil fédéral, bien que, dans cette assemblée représentative des grands vassaux de l'empire, l'Alsace-Lorraine n'ait pas même droit au tabouret; elle n'y dispose que d'une sellette où il lui sera loisible de venir s'asseoir quand ses intérêts personnels seront en cause.

Le Gouvernement s'est, d'ailleurs, réservé la faculté d'obtenir directement du Reichstag, sans le concours du Landesausschuss, les lois spéciales à l'Alsace-Lorraine qui n'auraient pas chance d'être agréées et votées par les véritables mandataires du pays.

Tant de précautions sont bien faites, on en conviendra, pour inspirer au Landesausschuss la modestie qui sied à une assemblée aussi rigoureusement tenue en tutelle. Il ne lui faudra pas longtemps pour s'apercevoir que le pays de quinze cent mille âmes qu'il représente a moins de droits, moins de prérogatives, moins d'immunités, moins d'autonomie, moins de libertés réelles que les deux principautés de Reuss, qui se partagent entre elles un nombre d'habitants inférieur à celui de la seule ville de Strasbourg, ou que la principauté de Schaumbourg-Lippe, moins peuplée que Metz, et qui, toutes trois réunies, équivalent à peine en superficie au dixième du territoire alsacien.

Il fera sagement de se contenter de gruger les écailles qu'on lui laisse et de ne point perdre de vue que, dans le système prussien, le régime parlementaire n'est admis qu'à titre de concession peu gênante à l'engouement du siècle pour les assemblées délibérantes: on ne l'emploie que pour distraire la galerie pendant que d'autres se chargent de la politique « réelle ». Les mésaventures récentes du Conseil fédéral et du Reichstag ont dû l'avertir que, quand les assemblées de ce genre se prennent au sérieux en Allemagne, la foudre suit de près.

On a d'autant plus l'œil sur le Landesausschuss que, quoi qu'il fasse et quelque modération qu'il y mette dans la forme, ses critiques rejailliront toujours forcément contre l'ensemble du système politique et administratif imposé à l'Alsace-Lorraine, en mettant à nu ce que ce système, dans toutes ses ramifications, a d'incompatible et d'inconciliable avec les vrais intérêts du pays.

Si, dans la première session qui vient de se clore, les nouveaux chefs de l'administration ont été en général pleins de prévenance et de courtoisie envers l'assemblée, c'est qu'ils savent qu'on ne s'instruit jamais mieux qu'en écoutant ses adversaires, et que l'habileté suprême consiste à les confesser à fond dès l'abord, pour arriver plus vite à s'en passer. Aussi M. Herzog et ses auxiliaires ont-ils montré une apparente bonne grâce et jusqu'à de la déférence dans leurs relations officielles et publiques avec le Landesausschuss; mais les personnes au courant des secrets des bureaux affirment que c'est sur un tout autre ton qu'on y parlait de la prétention des représentants de l'Alsace-Lorraine à passer au crible les moindres actes de l'administration, et que, du haut en bas de l'échelle, on s'irritait de plus en plus, pendant cette laborieuse session de quatre mois, d'un contrôle que tout fonctionnaire prussien est porté, par son éducation et ses préjugés, à tenir pour offense personnelle.

Certaines correspondances officieuses, se faisant les interprètes de cet état progressif d'agacement, ont charitablement averti le Landesausschuss que ce que le Conseil fédéral et le Reichstag ont octroyé, ils restent toujours maîtres de le reprendre. A bon entendeur, salut! Quoi qu'en puissent penser les autonomistes, l'autonomie de l'Alsace-Lorraine est encore trop embryonnaire pour qu'il n'importe pas de préserver un aussi faible germe de tout accident, et un tel accident est fort à redouter aussitôt que M. Herzog aura complété son instruction sur les affaires du pays.

XXI

Il convient d'insister ici sur un point qui n'a pas été assez remarqué, selon nous.

M. de Bismark, auquel les autonomistes ont tant servi et dont il a si habilement joué, leur a laissé l'illusion de croire et la satisfaction de proclamer que c'est à la sagesse de leur parti et aux efforts de leurs coryphées qu'étaient dus les changements qui viennent d'être apportés au régime politique et administratif de l'Alsace-Lorraine.

Rien pourtant n'est moins conforme à la réalité. C'est le chancelier impérial en personne qui, à un moment où les autonomistes, encore abattus par un précédent échec, étaient plus découragés que jamais, a fort inopinément provoqué cette modification, en invitant leur chef à l'interpeller à la tribune. Cela se passait dans les derniers jours de février 1879. Il serait oiseux de préciser les menus incidents de la mise en scène : l'audience accordée par le prince impérial, le rappel par télégraphe des députés autonomistes, alors très tranquillement à Strasbourg, bien que la session du Reichstag fût ouverte, leurs allures affairées et leurs délibérations effarées en quête d'une formule de programme présentable.

Heureusement pour eux que M. de Bismark avait d'avance pourvu à tout. Lui qui, pendant des années, s'était si agréablement moqué des autonomistes et de leurs aspirations, entendait maintenant que l'Alsace-Lorraine devînt « autonome » sur l'heure et quoi qu'elle en eût. Il avait son idée, et il fallait que tout le monde emboîtât le pas.

Vers le même temps, et peu après le vote de la loi d'organisation, il alla trouver — ou manda auprès de lui, je ne sais, — le feld-maréchal de Manteuffel, qui revenait alors de Carlsbad, encore souffrant et ne se soutenant qu'à l'aide de béquilles, et lui dit à brûle-pourpoint : « Excellence, voulez-vous aller à Strasbourg et régner sur l'Alsace-Lorraine ? » Et, comme le feld-maréchal hésitait, alléguant son âge, ses infirmités, la santé de sa femme, morte depuis : « Excellence, reprit péremptoirement le chancelier, je suis chargé de vous informer que Sa Majesté l'Empereur vous ordonne d'accepter le poste de Strasbourg. »

Ce choix paraît avoir surpris en Allemagne, où le sourd antagonisme qui existe entre le feld-maréchal et le chancelier n'a jamais été un mystère ; mais ce n'était pas là une considération de nature à arrêter M. de Bismark : bien au contraire. L'important pour lui était d'installer ouvertement et officiellement en Alsace-Lorraine le meilleur gardien du « glacis de l'empire » que le grand état-major pût souhaiter, et de mettre sous la direction ostensible d'un homme connu pour jouir de la pleine confiance de l'empereur une administration qui, dans la réalité, continuerait à n'obéir qu'aux inspirations de la chancellerie.

Un de ses premiers soins a été de mettre à côté du feld-maréchal, comme secrétaire intime, son propre fils, le comte Guillaume de Bismark, et le procès d'Arnim a dévoilé, on se le rappelle, la nature des services que le chancelier attend de ces jeunes conseillers d'ambassade en mission, admis à toute heure du jour dans l'intimité de leur chef.

Quant à l'administration proprement dite,

il l'a remise aux mains d'un haut personnel entièrement dévoué à ses vues et qu'il a lui-même façonné ; il est sûr que des hommes tels que MM. Herzog, de Puttkammer, de Pommer-Esche et de Mayr, chargés de gérer les divers ministères nouvellement institués, sauront toujours opposer, selon les besoins, toute l'inertie bureaucratique qu'il faudra pour neutraliser les élans du bon cœur de M. de Manteuffel.

L'épreuve en a été faite dès les premiers mois.

M. de Bismark est ainsi arrivé à introduire dans l'ensemble du système la dose de frottement voulue pour l'empêcher de fonctionner aisément sans lui et pour le laisser toujours libre lui-même d'intervenir à un moment quelconque, suivant que sa propre politique l'exigera.

Après les illusions qu'il paraît s'être faites, comme tant d'autres, sur la rapide germanisation de l'Alsace-Lorraine, il semble passer maintenant à l'autre extrême, ses allures prime-sautières, ne s'accommodant point du juste milieu bourgeois ; tout indique que, personnellement, il ne serait pas fâché que les choses allassent désormais de mal en pis dans le « pays d'empire », afin de lui fournir un prétexte de faire faire un grand pas de plus à sa politique impériale et prussienne.

On n'a pas oublié en Alsace-Lorraine certaine déclaration qu'il fit incidemment, de la façon la plus inattendue, dans la séance du Reichstag du 21 mars 1879, à l'occasion même de la discussion de la loi qui règle l'organisation nouvelle.

« La question, a-t-il dit, s'est posée de savoir s'il avait été bon et s'il est avantageux de persister à faire de l'Alsace et de la Lorraine un seul et même pays, ayant une administration commune. *Je considère cette question comme ouverte.* L'homogénéité de l'ensemble souffre réellement de cette fusion. Il est possible que l'Alsace à elle seule se consolide plus vite et mieux que si l'on continue à y accoupler l'élément hétérogène lorrain, et il n'y a pas impossibilité à imaginer pour chacune des deux fractions un gouvernement séparé. Au surplus, il me faut confesser que je n'ai pas l'intention de me faire actuellement une opinion sur cette question, qui appelle des études politiques et militaires approfondies ; je le puis d'autant moins que j'ignore ce qu'en pensent les gouvernements confédérés. »

M. de Bismark n'a pas l'habitude, on le sait, de perdre ses paroles et il est, par contre, coutumier de ballons d'essai de ce genre. Dans la circonstance, son intention n'est pas douteuse : il voudrait familiariser les « copropriétaires » de l'Alsace-Lorraine avec l'idée d'un dépècement profitable à la Prusse.

Le désintéressement que cette puissance a montré en 1871 en ne s'annexant directement aucune parcelle de ce territoire, qu'il lui eût été alors si facile pourtant de se faire adjuger tout entier, a paru contraire à toutes ses traditions ; car, depuis un siècle que la Prusse fait parler d'elle, chacun de ses pas a été marqué par un accroissement du domaine royal des Hohenzollern.

A l'heure du triomphe, M. de Treitschke, l'ardent apôtre de la politique historique, l'avait dit nettement au Reichstag :

« J'aurais souhaité que ces pays fussent incorporés à l'État prussien, et cela par une raison toute pratique. Je m'étais dit : La tâche de ramener à notre pays ces rameaux qui lui sont devenus étrangers est si grande et si difficile, qu'il ne la faut confier qu'à des mains éprouvées ; et où existe-t-il dans l'empire allemand une force politique qui ait autant que l'antique et glorieuse Prusse fourni des preuves de son don de germaniser ? Il m'est bien permis de le dire sans être taxé de jactance, à moi qui ne suis pas né Prussien (M. de Treitschke est de Dresde) : cet État a arraché les Prussiens eux-mêmes à la Pologne, les Poméraniens à la Suède, les Frisons à la

Hollande, les Rhénans à la France, et elle recule journellement encore de quelques pouces vers l'est les bornes de la civilisation allemande. C'est à cette force éprouvée, pensais-je, que nous devrions confier du côté de l'ouest aussi la tâche d'y être le héros et l'augmentateur de l'empire. »

M. de Bismark pense sans doute tout à fait de même, et, si Dieu lui prête vie et favorise ses desseins, il se fera un vrai plaisir d'être « l'augmentateur » que M. de Treitschke réclame et de montrer au fougueux professeur d'histoire de l'université de Berlin qu'il est, avec le temps, moyen de mettre tout le monde d'accord, pour qui sait attendre et saisir le moment opportun.

Il y a neuf ou dix ans, la Prusse ne se souciait pas du cadeau, car il lui semblait de beaucoup préférable de porter au compte commun de l'empire la mise en état de son « glacis ».

D'un autre côté, il lui parut sage de renoncer à un avantage immédiat en vue d'un résultat plus grand que lui réservait l'avenir. Constituée en pays indivis, l'Alsace-Lorraine servait à la politique prussienne d'instrument excellent pour assouplir l'Allemagne entière au système de gouvernement militaire, pour la tenir en haleine après avoir déjà servi à la ruer à la conquête, et enfin pour tirer d'elle des sacrifices que, sans le prétexte d'avoir à défendre ensemble cette conquête commune, elle eût difficilement consentis et encore moins endurés si longtemps.

A présent, la situation s'est sensiblement modifiée ; au point de vue militaire, le « glacis », dont l'outillage est au complet, n'exige plus que de menues dépenses d'entretien, et de son côté l'Allemagne, d'ailleurs bien revenue de l'entraînement que lui avait inspiré la possession de l'Alsace-Lorraine, est suffisamment prussifiée pour laisser entrevoir le moment où l'on pourra se remettre à médiatiser : c'est une tradition à renouer, et c'est naturellement par l'Alsace-Lorraine qu'il conviendra de commencer.

Comme M. de Bismark serait bien servi dans ses desseins s'il parvenait à persuader aux Allemands que les Alsaciens, les Lorrains surtout, sont décidément ingouvernables et que, pour les mater, il n'y a rien qui vaille le système préconisé dès les premiers jours par M. de Treitschke !

Quel bel argument fournirait au chancelier impérial l'échec trop probable de la mission de M. de Manteuffel ! — « L'autonomie » reconnue impossible, la solution serait toute trouvée : la Prusse, en s'offrant à assimiler les « indomptables » Lorrains, se ferait un devoir patriotique de prolonger la régence de Trèves jusqu'au sud de

Metz, de façon à retourner contre la France un « coin » bien autrement redoutable, sur une frontière ouverte, que ce pauvre coin émoussé de Lauterbourg, que l'Allemagne affectait de dénoncer comme une perpétuelle menace contre son repos.

Quant à l'Alsace, on verrait : cette région a été de tout temps particulièrement exposée à l'infiltration allemande. On espère qu'un jour arrivera où, la population d'outre-Rhin étant devenue prépondérante en Alsace, il sera facile de persuader à cette province que, puisque la famille politique allemande, telle qu'elle est constituée, n'a pas place dans son sein pour une république, il est de son intérêt, si elle veut être promue au rang d'État confédéré, de se choisir un souverain ; et quel choix, dans ce cas, serait plus indiqué que celui du grand-duc de Bade, allié à la famille impériale et qui attend encore la récompense du zèle que son artillerie a mis à bombarder Strasbourg ?

Ce serait assurément une satisfaction historique de haut goût et comme une tardive revanche de Tolbiac que la reconstitution, de la Forêt-Noire aux Vosges, de l'antique duché d'Alémannie érigé en royaume, et cette satisfaction suffirait sans doute pour consoler le reste de l'Allemagne de n'avoir point de part au gâteau.

XXII

La question que M. de Bismark tient pour « ouverte » indique qu'il existe dans sa pensée d'autres raisons que les obstacles constitutionnels que l'on a coutume d'alléguer, pour retarder d'année en année l'organisation définitive de l'Alsace-Lorraine et pour ne rien faire non plus qui puisse faciliter le libre retour des optants.

Le danger d'un dépècement, qu'il n'est plus permis, depuis la déclaration du chancelier, de tenir pour chimérique, n'échappera pas, il faut le souhaiter, à la perspicacité du Landesausschuss et l'invite à ne point se laisser emporter par une fougue trop juvénile. Déjà la presse officieuse a émis l'opinion que l'espèce de souveraineté à laquelle prétend cette assemblée constitue un péril qui serait évité si le Landesausschuss était fondu dans le Landtag prussien.

Tout cela mérite réflexion. Les faits récents qui se sont passés à Berlin lui montrent l'inconvénient qu'il y a de provoquer, même sur le terrain légal, la mauvaise humeur du chancelier et avec quel art M. de Bismark se sert de préférence de ce qui lui fait obstacle pour arriver à la réalisation de ses plans.

Que signifie ce complet détachement qu'il affecte tout à coup à l'égard des affaires de l'Alsace-Lorraine, qui, il y a peu de mois encore, reposaient tout entières sur ses épaules et qu'il avait lui-même déclaré prendre résolûment en main, comme « avocat des populations annexées » ? L'histoire de la politique allemande des dix dernières années enseigne que c'est toujours mauvais signe quand M. de Bismark semble se désintéresser d'une question comme celle-ci ; c'est l'indice que la mise en scène est réglée et que le régisseur a terminé sa tâche.

Aussi est-il du plus haut intérêt pour l'Alsace-Lorraine que ses représentants ne se laissent pas entraîner par leur importance nouvelle à fournir quelque prétexte contre le maintien de l'état de choses actuel ; car, du côté de l'Allemagne, il ne pourrait que lui advenir pis.

9.

Les difficultés que l'administration allemande rencontre dans son propre sein et qui proviennent surtout de l'impossibilité où elle est de concilier ses principes de gouvernement avec les sentiments et les intérêts des populations conquises, ne prêtent déjà que trop au danger permanent de quelque modification inattendue et subite dont l'Alsace-Lorraine pâtirait à coup sûr.

Au dualisme qui, du temps de M. de Mœller, existait entre Berlin et Strasbourg, a succédé maintenant, à Strasbourg même, un dualisme d'un autre genre, entre M. de Manteuffel, lieutenant impérial, et M. Herzog, ministre d'État. Dès le début, il en est résulté des froissements qu'on a d'abord essayé de nier et qui sont pourtant bien réels, qui même étaient inévitables. M. de Manteuffel a pris son rôle de conciliateur au sérieux et il l'a tout de suite prouvé en se montrant plus tolérant que son prédécesseur à l'égard de la presse et du clergé catholique.

Il s'est réservé le gouvernement des hommes, tandis que M. Herzog et ses collaborateurs prétendent n'abandonner que le moins possible de l'administration des affaires, comme si les hommes se pouvaient gouverner sans tenir un compte incessant de leurs intérêts et qu'il fût possible d'administrer en faisant abstraction du côté politique des choses. Cela se voit pourtant journellement en Allemagne, où l'on s'applique à faire de l'administration la pratique de l'absolu, alors qu'ailleurs la politique elle-même passe généralement pour être la science du relatif.

M. Herzog, qu'on dit être le type accompli du bureaucrate prussien, ne peut ni ne doit, à son point de vue, consentir à aucune concession sérieuse, de peur de paraître hésiter ou faiblir aux yeux des populations, qui seraient promptes à voir dans un retour à des procédés plus doux une marque de repentir ou un aveu d'impuissance. M. de Manteuffel pourra bien obtenir de lui quelques atténuations temporaires à des pratiques trop rigoureuses, mais la raideur naturelle à l'administration prussienne reviendra au galop parce qu'elle est inhérente au fonctionnement même du mécanisme.

En prenant la défense des services qu'il dirige et anime de son esprit, et dont le personnel saurait au besoin, comme je l'ai fait voir, se défendre lui-même, c'est un peu son œuvre propre que M. Herzog défend ; car il a été associé dès les premiers jours à M. de Bismark dans la tâche qu'il est maintenant chargé de poursuivre, à Strasbourg même, sous l'autorité pour ainsi dire nominale de M. de Manteuffel. Étant seul responsable, M. Herzog ne peut se prêter qu'avec une grande répugnance à des tempéraments qui déconcerteraient et inquiéteraient le personnel dont il est le chef; car que resterait-il en Alsace-Lorraine à la Prusse si l'administration venait à y être ébranlée?

Dans de telles circonstances, des désaccords plus ou moins aigus et durables naîtront à tout instant comme d'eux-mêmes entre M. Herzog et M. de Manteuffel, et, comme je l'indiquais, c'est peut-être là-dessus que M. de Bismark a surtout compté. M. de Manteuffel a accepté sa mission sans entraînement ni grandes illusions, en soldat auquel son souverain juge bon d'assigner un poste. Il fera pour s'y maintenir complète abnégation de ses convenances et de ses intérêts personnels; mais il est âgé, maladif, attristé par des deuils récents, et déjà plusieurs fois il a donné publiquement des marques de lassitude et de découragement.

Qu'adviendrait-il s'il venait à manquer à une organisation qui repose, en fait, tout entière sur lui, puisque ce n'est qu'à la considération de sa personne qu'elle a dû de voir le jour? La question ne laisse pas d'être grave.

En attendant le feld-maréchal s'efforce de poursuivre l'œuvre de conquête morale, commencée par lui, dans un esprit paternel tout à fait conforme aux tendances un peu mystiques qui forment un des côtés saillants de son caractère.

XXIII

Nous ne ferons pas ici la biographie détaillée de M. de Manteuffel. Pendant une carrière déjà longue de plus d'un demi-siècle, dans laquelle il a débuté à l'âge de dix-huit ans comme « avantageur » dans les dragons de la garde royale prussienne, le feld-maréchal s'est signalé en vingt circonstances diverses, tantôt comme soldat, tantôt comme diplomate ou gouverneur de province, et il s'est toujours acquitté avec tant de succès des hautes missions qu'il devait à la confiance de son roi, qu'il n'est pas d'homme en Prusse qui compte autant que lui d'envieux et de jaloux.

On ne le discute pas moins dans le monde militaire et le monde officiel que dans le monde bourgeois, aux yeux duquel il passe pour personnifier plus spécialement l'influence de la cour, dans la triade que M. de Manteuffel forme avec M. de Bismark et M. de Moltke.

Ce qu'on paraît lui reprocher surtout, c'est une certaine hardiesse d'opinions et une personnalité d'allures qui choquent dans un pays où l'originalité n'est permise qu'au chancelier de l'empire. M. de Manteuffel ose avoir ses idées à lui et les exprimer au besoin : c'est ainsi qu'il n'a laissé ignorer à personne sa désapprobation de la conquête de l'Alsace-Lorraine. — Il a en outre dans les relations cette séduction de manières et de ton que les Allemands sont généralement portés à tenir pour une marque de faiblesse et d'infériorité. Tandis qu'il commandait à Nancy l'armée d'occupation, son entourage concevait mal que, ayant le droit de se conduire en reître, il préférât agir en galant homme. M. Thiers, dit-on, ne manquait jamais, quand il parlait de lui, de le qualifier d'*adorable*.

Ses façons simples, affables, pleines d'aménité et de bienveillance, en font un gentilhomme de la vieille école, sachant inspirer le respect sans avoir à l'imposer et la confiance sans la solliciter. Sa sûreté de tact et sa largeur de vues l'ont dès longtemps mis hors de pair dans le milieu social et le monde de hobereaux au sein desquels il est condamné à vivre.

D'une intelligence ouverte, toujours en éveil et des plus cultivées, il est de plus homme d'esprit au meilleur sens du mot. Un seul trait suffirait à le classer comme tel : dans un temps qui a vu tel illustre pédant de l'académie de Berlin pousser la teutomanie jusqu'à s'excuser publiquement du nom français qu'il tient de ses ancêtres, M. de Manteuffel ne craint pas de louer tout haut la civilisation française et de confesser son faible pour elle. Il prend plaisir à rechercher les occasions de parler français et paraît mettre quelque coquetterie à montrer, par l'aimable abandon et la forme châtiée de son langage, à quel point l'usage de cette langue lui est familier.

Son inclination pour la France ne va pas toutefois jusqu'à l'amour des Français : ses préférences sur ce point tiennent de celles de l'homme de goût et de l'homme de cour, qui se sent captivé par les traditions d'élégance et de sociabilité que le grand Frédéric avait tenté de transplanter de Versailles à Potsdam.

M. de Manteuffel est, en effet, avant tout, un conservateur prussien : il en a le piétisme comme l'esprit de discipline et le « loyalisme » envers la couronne. Toute sa carrière n'a été que la constante mise en pratique de la devise nationale : *Mit Gott, für Kœnig und Vaterland.*

L'empereur, qui lui témoigne dans l'intimité une affection de frère et en public une confiance absolue, a toujours été sûr de trouver en lui l'homme de tous les dévouements. J'ai rappelé plus haut la façon dont M. de Bismark a décidé le feld-maréchal à se rendre en Alsace. Il s'y est présenté en père plutôt qu'en chef, avec une modeste résignation qui est encore un des traits de son caractère.

Quand il reçut, en janvier 1871, l'ordre d'entreprendre la célèbre marche de flanc qui eut pour conséquence de porter la déroute dans l'armée du général Bourbaki et de la rejeter en Suisse, le futur feld-maréchal écrivit le billet suivant à sa femme : « Ma chère Bertha, lorsque ce mot te parviendra, tu sauras déjà par le télégraphe si ton mari a en lui l'étoffe d'un général d'armée ou s'il n'en a que les prétentions. » Rien de plus : le roi commande, Dieu bénira l'œuvre s'il lui plaît.

A l'âge où l'enfant se transforme en adolescent, M. de Manteuffel a été l'élève de madame de Krüdner, qui lui pronostiqua les plus hautes destinées. La blonde visionnaire paraît avoir transmis à son élève quelque chose de son mysticisme, et cette tendance, comme on sait, s'accroît communément avec l'âge.

De cette tournure donnée à son éducation première viennent sans doute chez le feld-maréchal l'abnégation et le doux sentimentalisme qui percent dans ses actes. Son caractère offre un curieux mélange de fatalisme historique et de soumission à la volonté divine : on dirait d'un mariage mystique entre Hegel et madame Guyon.

Parfois aussi ses propos trahissent quelque chose de cette philosophie suivant laquelle « les malheurs particuliers font le bien général, de sorte que plus il y a de malheurs particuliers, plus tout est bien », par la raison que Dieu ne saurait mal faire et que rois et sujets ne sont entre ses mains que des instruments de ses sacrés desseins.

Tel a été à peu près le thème des diverses allocutions que M. de Manteuffel a tenues à son arrivée en Alsace-Lorraine. Il s'est montré tout pénétré de la doctrine de saint Paul sur l'obéissance due aux puissants, doctrine dont il ne fait pas seulement un article de foi, mais bien une base de gouvernement.

Il a certainement une vue exacte de la situation quand, s'attachant à prendre les Alsaciens-Lorrains par le sentiment, il renonce à leur démontrer, contre toute évidence, qu'ils ont gagné au change et qu'il va même jusqu'à concéder qu'ils y ont perdu, ce qui, soit dit en passant, n'est guère flatteur pour l'empire allemand.

Mais, lorsque, tout en disculpant la politique de conquête, il recommande aux conquis la politique de la soumission à ce qu'il appelle les « décrets de la Providence », nous croyons qu'il fait fausse route.

L'empereur d'Allemagne, avant lui, avait déjà exhorté à différentes reprises les Alsaciens à se plier aux « arrêts de l'histoire »; à quoi les Alsaciens ont objecté qu'on paraît bien pressé à Berlin de coucher l'histoire par écrit et de tenir pour arrêt historique ce qui pourrait bien n'être qu'un *moment de l'idée*, suivant la doctrine hégélienne du *perpétuel devenir*.

Il en est tout à fait de même de ces décrets providentiels que les Allemands ont mis tant de hâte à interpréter en leur faveur. Il faut, pour juger de ces choses, un peu de « reculée », comme disent les artistes, et le temps seul vous met au point de perspective qui permet d'y voir clair, surtout depuis que les hommes s'appliquent si fort à embrouiller les écheveaux.

Le moindre défaut de cette argumentation théologique est de ne convaincre que ceux qui en tirent profit : il y a longtemps qu'on a dit qu'il existe deux livres, la Bible et les Pandectes, qui jamais ne restent muets pour qui les interroge, et M. de Manteuffel assurément n'ignore pas que, si l'Évangile recommande la soumission à la volonté divine, il enseigne aussi que « les jugements de Dieu sont impénétrables et ses voies incompréhensibles ».

Alsaciens et Lorrains l'ont bien reconnu, et leur perplexité dans leurs cruelles épreuves a été d'autant plus grande, que les Allemands eux-mêmes n'ont jamais réussi à se mettre d'accord sur le point de savoir si c'est pour sa punition ou son bonheur que l'Alsace-Lorraine a été conquise par eux.

En tout cas, la population victime de cette conquête n'a pu se persuader qu'il fût écrit que son territoire devait être un jour érigé en « pays d'empire », que l'institution du Landesausschuss fût d'émanation divine, ni qu'il y eût quoi que ce soit qui révélât la mission providentielle de la Prusse dans les tâtonnements par lesquels son administration a si bien trahi son origine purement humaine.

Soumis à la Providence, les Alsaciens-Lorrains l'ont toujours été, et la meilleure preuve qu'ils en donnent, la seule que l'Allemagne ait le droit d'exiger d'eux, c'est qu'ils rendent exactement à César ce qui appartient à César :

on affirme même que César retient au delà de son dû.

Que veut-on de plus? L'affection, l'amour, la sympathie ne se commandent pas. On va, ce semble, un peu loin quand on leur fait un devoir de conscience de « devenir d'autant meilleurs Allemands qu'ils avaient été bons Français ». Il faut avoir fréquenté les universités d'outre-Rhin pour être capable de saisir d'aussi profondes subtilités.

De même, ils se refusent à croire sans preuves à la mission civilisatrice à laquelle prétendent les Allemands : pour se faire missionnaire, il faut avoir un dogme à prêcher, et l'Allemagne n'en connaît point d'autre que celui de la prééminence native de la race germanique. C'est trop peu en vérité. Telles choses qui peuvent être bonnes à dire en famille et même propres à fonder un culte domestique deviennent parfaitement ridicules quand elles sont criées sur les toits, et le *credo quia absurdum* n'est plus de notre temps.

Si l'Allemagne a démontré qu'elle avait la force matérielle qui peut suffire à légitimer l'esprit de conquête, il lui reste encore à faire voir qu'elle possède à un égal degré la force d'expansion qui seule autorise la prétention à la domination.

L'érudition ne fait pas la puissance, pas plus que le savoir n'est la science. Quand les Alsaciens-Lorrains voient l'Allemagne si inhabile à justifier ses grandeurs et si impuissante à s'acquitter envers eux des plus vulgaires devoirs du conquérant, ils doutent de sa mission providentielle et ils lui prouvent, en tout cas, par l'abandon où ils laissent l'université de Strasbourg, qui cependant leur impose de si lourds sacrifices d'argent, que l'apostolat que les docteurs allemands ont rêvé d'exercer parmi eux risque de n'être jamais qu'un apostolat *in partibus*.

XXIV

Un seul point jusqu'ici est de toute évidence : l'Alsace-Lorraine conquise et la rançon de la France payée, la Prusse, provisoirement satisfaite, entend garder l'enjeu et faire charlemagne.

Soit ! si c'est sa façon à elle de faire les choses impérialement.

Seulement, dans ce jeu de la force et du hasard, elle a mal fait son compte; grisée par ses foudroyants succès pendant la première phase de la guerre, trop confiante dans sa puissance matérielle et procédant avec cette absence de mesure qui paraît être un défaut plus particulièrement germanique, elle n'a pas su résister à la tentation d'être impitoyable; elle croyait la France si bien agonisante, que la dépouiller ne lui a point suffi et qu'elle l'a mutilée : c'en était trop. La France a bondi sous le coup ; ce qui devait servir à l'achever est devenu pour elle un stimulant.

On paraît avoir trop spéculé à Berlin sur la théorie de l'esprit oublieux des peuples, que M. de Bismark est allé naguère développer à Vienne, avec un sérieux frisant la raillerie.

Les peuples oublieux ? Non pas les Allemands, à coup sûr, eux qui n'ont pas encore pardonné aux Français la mort de Conradin, et qui savent si bien concilier leurs intérêts avec leurs sentiments, que ces mêmes « grandes ruines des bords du Neckar et du Rhin » qu'il y a quelques mois encore M. de Moltke signalait comme « monuments durables des défaillances de l'Allemagne d'autrefois et de l'insolence de ses voisins », servent depuis des siècles, avec un succès égal, aux aubergistes à s'enrichir et aux patriotes à méditer.

Peut-être, après tout, le chancelier impérial, en faisant allusion à Vienne aux peuples oublieux, comme le sont, en effet, volontiers Autrichiens et Français, ne voulait-il que mieux marquer la supériorité intellectuelle des Allemands, qui, après avoir inventé l'art de cultiver des ruines et d'en tirer 100,000 florins de rente, ont conservé assez de force d'absorption et de résistance pour ne pas succomber de tristesse sous le poids des ressentiments et des billevesées dont l'école historique se plaît à charger leur mémoire. Mais ce sont là des qualités que ne leur envient certes pas les peuples aimables et vraiment sociables qui savent que, sans le don d'oubli, l'humanité ne serait plus possible, ni la vie supportable.

La France surtout, que les moroses Allemands ont tant de plaisir à taxer de frivole, ne demande, en effet, pas mieux que d'oublier. Elle n'était pas d'humeur, après ses désastres, à se mettre à pleurer en regardant, ébahie et stupide, l'astre allemand monter à l'horizon. Elle est tout aussitôt retournée aux travaux utiles, et elle y eût vite oublié l'énormité de la rançon qu'il lui avait fallu payer, si le vainqueur avait été sage pour s'en contenter, car elle ne sait pas garder rancune, surtout pour une affaire de gros sous.

Mais la Prusse, en lui arrachant l'Alsace-Lorraine, l'a frappée d'une blessure trop douloureuse, celle-là, pour être oubliée.

Lorsqu'en 1863, l'Angleterre renonça à son protectorat sur les îles Ioniennes, M. de Bismark n'a-t-il pas dit lui-même avec sa causticité accoutumée : « Un État qui cesse de prendre, et qui commence à rendre, est fini comme grande puissance? »

La première partie de cet apophtegme est toute prussienne et fait comprendre pourquoi l'oiseau qui symbolise le jeune empire, toutes ailes déployées, les serres grandes ouvertes, prêtes à « empiéter » de toutes parts, et qui tourne vers l'ouest son œil farouche et son bec crochu, a été si amplement pourvu d'organes de préhension par les héraldistes de la couronne : ce sont manifestement des armes parlantes qu'on leur avait commandé de peindre.

Quant à ce que le futur chancelier impérial, alors simple comte de Bismark-Schoenhausen et ministre prussien, disait des nations qui abandonnent bénévolement, par indolence ou faiblesse, une partie d'elles-mêmes, il ne faisait qu'exprimer sous un tour pittoresque une vérité qui est de tous les temps et qui s'applique à tout organisme, individuel ou social, l'atrophie des extrémités ayant toujours passé pour être, dans un corps vivant, le pire symptôme de marasme.

La France, heureusement pour elle et pour le malheur de l'Allemagne, n'était pas tombée encore à ce point de décrépitude. Elle s'est vivement redressée, et, résolue à tous les sacrifices, elle a fait trêve à ses dissensions pour ne pas laisser au vainqueur la joie de la voir s'achever elle-même.

L'œuvre de reconstitution de son armée, que les Allemands ont affecté de prendre pour des préparatifs de revanche, n'était de sa part qu'un acte de vulgaire précaution que lui imposait, sur sa frontière éventrée, un voisin qui fait couramment enseigner dans ses écoles que les vraies limites de la France sont celles que le traité de Verdun a assignées, il y a dix siècles, à Charles le Chauve, et que tout ce qui se trouve en deçà fait partie du domaine germanique « situé à l'étranger » (*Deutsche Aussenländer*).

XXV

Ce qui trompe l'Allemagne, dans la pratique de sa politique de conquête, et ce qui enhardit la Prusse, c'est que cette dernière, imbue des vieilles traditions sur lesquelles s'est fondé son accroissement personnel, à une époque où le droit moderne n'était pas né, n'a guère, jusqu'à ces derniers temps, opéré qu'en famille, et que l'Allemand, toujours subjectif, est trop enclin à juger les autres d'après lui-même.

Or l'Allemagne n'offre encore que les éléments d'un peuple, sans cohésion ni individualité ; elle forme un grand tout bien vivace, je l'accorde, fécond surtout, mais politiquement encore confus et grouillant, n'ayant ni conscience de lui-même, ni système nerveux.

Véritable *vagina nationum*, selon l'expression que

Jornandès appliquait, au vɪᵉ siècle, à la race gothe, la race allemande est peut-être aujourd'hui, entre toutes les races civilisées, la seule dont on puisse impunément détacher au hasard une bouture ou un rameau pour le transplanter ailleurs, sans que l'ensemble s'en ressente et avec des chances d'autant plus certaines de succès qu'un groupe quelconque d'Allemands renferme toujours suffisamment de marchands, de pédagogues et de femmes prêtes à accepter dans toute leur étendue les durs labeurs de la maternité, pour fonder un centre nouveau ou une colonie viable.

C'est là qu'est la force de l'Allemagne, mais en même temps le secret de son incapacité politique et de son impuissance comme nation. Le trop plein de population qu'elle épanche sur le monde entier s'absorbe et se résorbe sans garder trace de son origine ni regret du foyer natal. Un Allemand américain n'est pas un Américain allemand.

Ce fait a été vérifié si souvent, que les philosophes d'outre-Rhin, qui aiment à se rendre compte de tous les phénomènes, en ont déduit que leur race n'est apte qu'à « se réaliser hors d'elle-même ». — C'est apparemment pour cela qu'elle s'est faite conquérante sur le tard. — En d'autres termes qui, ceux-là, n'ont rien de métaphysique, l'Allemand ne prend toute sa valeur qu'employé en *coupage ;* la pureté de race dont il se montre si fier est justement ce qui le rend politiquement et socialement si inerte, si passif et si docile à subir la loi du plus fort.

En France, où, depuis quatorze siècles, les peuples les plus divers se sont rencontrés et fondus au point qu'on peut demander sur quelle partie de son territoire on trouverait encore à l'état natif la race latine dont les Allemands, dans l'intérêt de leur théorie conquérante, la prétendent entièrement peuplée, il s'est produit une évolution tout inverse.

Du mélange des races et de la puissante unité des institutions est née chez elle une nation singulièrement impressionnable, élastique et nerveuse, présentant tous les caractères d'un organisme supérieur homogène, dont chaque fraction concourt et est indispensable à l'harmonie de l'ensemble.

Aussi, quand un vainqueur, habitué à tailler dans le vif, a cru tout simple de l'amputer de deux de ses provinces, il n'a pu empêcher qu'elle n'éprouve ce phénomène physiologique qui, par une illusion des sens, reporte la sensation de la douleur jusqu'à l'extrémité du membre qui n'est plus.

La France est aujourd'hui comparable à l'invalide qui croit sentir des rhumatismes dans sa jambe de bois. La moindre brume à l'horizon politique reportera toujours tout d'abord sa pensée vers l'Alsace-Lorraine, lors même qu'aux jours de calme elle paraîtrait l'oublier. L'une a besoin de l'autre ; car, de part et d'autre, tout a été atteint et lésé par le déchirement.

L'Alsace-Lorraine, en particulier, a besoin de la France : sans elle, on ne l'a que trop vu depuis, elle languit et déchoit, et les autonomistes se font de singulières illusions quand ils s'imaginent qu'il suffirait qu'ils fussent au pouvoir pour qu'il en fût autrement.

L'Alsace est justement un de ces groupes allemands qui « se sont réalisés hors d'eux-mêmes ». Aux qualités plus solides que brillantes que l'Alsacien tire de son origine germanique, l'influence française a infusé ce quelque chose qu'on nomme le savoir-faire, que les Allemands soupçonnent à peine et qui est, chez l'être destiné à vivre en société, l'art de mettre en valeur les dons naturels ou acquis et de leur donner cours dans le commerce de la vie. Cela s'appelle, selon les circonstances, tour de main, entregent, adresse, habileté et même coquetterie.

La population alsacienne, que son naturel non moins que son plantureux pays tendent à rendre un peu indolente et lourde, sentait bien les heureux effets de cette forme de l'influence française, qui la stimulait et la forçait à s'ingénier ; elle s'en rend compte mieux encore depuis que cette influence a cessé.

Je n'en veux pour preuve que l'opinion des filles à marier, dont le chiffre a tant augmenté en Alsace-Lorraine depuis que la jeunesse masculine a pris l'habitude d'émigrer : autant les villageoises étaient naguère ardentes à se disputer les jeunes rustauds que le régiment français avait dégrossis, autant maintenant les séductions des prétendants qui ont été se façonner outre Rhin à la raideur pédantesque de l'Allemand les laissent indifférentes et dédaigneuses.

Il faut que les Allemands en prennent leur parti et corrigent sur ce point leurs notions anthropologiques : la population alsacienne a décidément cessé d'être de pure race germanique.

Dans les premiers temps de la conquête, ils aimaient à se dire, pour se consoler, que plus les Alsaciens faisaient preuve d'attachement à la France, plus ils trahissaient à leur insu leur qualité d'Allemands, dont la fidélité est un des plus nobles privilèges. Toutefois, si Allemand que l'on soit, on ne peut pas se contenter toujours d'explications aussi transcendantes, et il leur a bien fallu reconnaître que ce prétendu « vernis » français, qu'ils s'étaient fait fort de faire éclater d'un coup d'ongle, a résisté à tous leurs coups de griffe.

XXVI

C'est, selon nous, une illusion et une crainte chimérique de croire qu'avec l'aide du temps l'éducation prussienne pourra parvenir à modifier sérieusement cette situation. Les générations ne se font pas tout d'une pièce ; elles se transmettent l'une à l'autre ce qui les a faites grandes, prospères, civilisées, et le régime allemand réussît-il à faire oublier aux Alsaciens jusqu'à leur énergique et pittoresque patois, pour mettre à la place la langue zézayante et prétentieuse qu'on parle en Brandebourg, qu'ils ne resteraient pas moins imprégnés de ce levain français qui les rend à jamais incapables de devenir de bons et féaux Allemands : M. de Manteuffel doit le reconnaître déjà.

C'est bien moins encore de la force purerement matérielle que l'Allemagne peut attendre le triomphe final du pangermanisme en Alsace-Lorraine.

Pour prétendre avoir raison de sentiments aussi profondément enracinés dans la population conquise et de la vitalité que la France tire de son unité, pour enrayer l'action latente et continue qui crée les sympathies et les antipathies, c'était en vérité trop peu de restaurer dans sa brutalité le droit de conquête et d'inventer les nations armées.

Pour écraser et anéantir, il faut un prétexte, que l'Alsace aussi bien que la France se gardent de fournir.

Il faut aussi, pour rester vraiment fort, l'être plus que tout autre, et, quelque zèle qu'y mette la Prusse, elle ne pouvait sérieusement espérer, en ce temps de concurrence universelle, conserver le monopole du militarisme.

C'est à elle-même qu'elle doit s'en prendre de s'en trouver dépossédée. Ayant été la première à industrialiser la guerre en la dépouillant de tout ce qu'elle avait d'héroïque, pour en faire une machine où la force agencée et débordante du nombre supplée à la bravoure et qui a remplacé l'arme blanche par le tir plongeant, elle a réduit tout le problème à une question d'outillage, c'est-à-dire d'argent. Aussi, comme il arrive souvent, ce sont les inventeurs qui ont été les premiers ruinés par leur invention, si bien qu'on les a vus, de chute en chute, rapidement tomber du militarisme dans le paupérisme, le socialisme, le protectionnisme et le pessimisme, tous vilains mots de même terminaison et qui ont même fin. C'est beaucoup de chutes et tomber de bien haut par pur amour du soldat et du territoire alsacien.

On dirait, par la tournure imprimée à sa politique, que l'empire allemand a pris à tâche de démontrer qu'il n'est pour la civilisation qu'un embarras, une gêne et une inquiétante menace, et il faut avouer que cette démonstration est bien près d'être complète. L'Autriche elle-même, la seule alliée avouée qu'il conserve, s'est vue contrainte d'aviser d'urgence, par la construction du chemin de fer de l'Arlberg, aux moyens de n'être pas coupée du reste de l'Europe par les lignes douanières dont l'Allemagne renforce ses lignes de forteresses, afin d'arracher au commerce l'argent dont elle a besoin pour continuer à vivre.

M. de Moltke en parlait à son aise, en soldat qui sait que la Prusse aime le militaire et ne sait rien lui refuser, quand il affirmait la nécessité de maintenir pendant un demi-siècle l'état de paix armée. C'est un état qui coûte cher, surtout à un pays encore si inexpérimenté dans l'art de produire honnêtement des capitaux.

Après que toutes les sources de revenus où le fisc peut puiser ont été tour à tour desséchées, il ne reste plus guère à l'Allemagne, comme « matière imposable » que le tabac, dont M. de Bismark médite de soumettre la vente au monopole de l'État. Maigre filon pour le budget, dans un pays dont la population montre si peu de répugnance à fumer des feuilles, des fanes et des herbes quelconques, pourvu qu'elle en puisse tirer beaucoup de fumée à bon compte ! Pour rendre en Allemagne le monopole des « tabacs » vraiment productif, il faudrait énergiquement se résoudre à soumettre à l'état fiscal tous les vergers et potagers de l'empire, ce qui serait d'ailleurs un merveilleux moyen pour accroître promptement l'armée des fonctionnaires impériaux.

XXVII

C'est bien légitimement que le mauvais état financier de l'Allemagne préoccupe de plus en plus M. de Bismark, surtout depuis qu'il est devenu évident pour tout le monde que le seul embarras sérieux que sa politique antifrançaise ait en définitive réussi à créer à la France est l'embarras des richesses.

Cela est bien propre à bouleverser toutes les notions économiques du chancelier. Mais, à la différence de la plupart de ses compatriotes, il ne s'attarde pas à rechercher la raison des choses, en particulier quand ces choses font obstacle à ses vues politiques. Il a coutume d'aller droit à l'obstacle, et puisque la France se permet d'être redevenue plus riche que l'Allemagne et d'avoir chaque année de l'argent de reste, tandis que sa rivale ne sait plus où en prendre pour soutenir son état et son rang militaire, M. de Bismark avait tout simplement conçu le plan hardi de mettre l'empire germanique en mesure de faire des économies tout en gardant l'Alsace-Lorraine, et de stériliser entre les mains de la France l'argent que celle-ci voudrait appliquer aux dépenses de guerre.

C'est dans cette vue qu'il méditait, au printemps dernier, d'étonner l'Europe par une proposition de désarmement général dont le vieil empereur d'Allemagne eût pris l'initiative.

On devine l'apparence de sereine grandeur qu'à l'aide de quelques habiletés de rédaction une telle initiative aurait aisément eue sous la plume de l'auguste octogénaire et l'émotion universelle qui en fût résultée. L'Europe est tellement excédée de tous ces armements à outrance, auxquels ne peuvent même plus se soustraire des pays comme la Belgique, la Suisse et les États scandinaves, que la nature ou la diplomatie suffisait à protéger autrefois, et la plupart des puissances souffrent si douloureusement des extravagantes autant qu'improductives dépenses que la situation générale leur impose, qu'une semblable proposition avait beaucoup de chances d'être accueillie d'enthousiasme, si ce n'est par la France, que l'état prospère de ses finances affranchit des préoccupations d'argent et à laquelle le soin de sa sécurité et de son influence commande de ne point interrompre une réorganisation militaire qui commence à peine à fonctionner avec un peu de régularité.

C'est bien ce que prévoyait et sur quoi comptait M. de Bismark, dont toute la politique extérieure ne vise qu'à isoler et à affaiblir la France, depuis que l'intervention inopportune de la Russie et de l'Angleterre l'a empêché, en mai 1875, d'en achever l'écrasement.

De deux choses l'une : ou la France aurait refusé de condescendre pour sa part au vœu du vieil empereur, et, dans ce cas, les clameurs de la presse d'outre-Rhin l'eussent dénoncée, à la face de l'Europe et du peuple allemand, comme nourrissant effectivement ces arrière-pensées de revanche dont on l'avait toujours soupçonnée et qu'il devenait urgent de réprimer une fois pour toutes ; ou bien, au contraire, la France, craignant de se trouver encore une fois isolée en Europe, consentait à adhérer au programme commun de désarmement, et c'était pour l'Allemagne la plus belle partie qu'elle pût rêver de gagner, car toute la richesse française eût perdu de ce jour toute puissance politique.

M. de Bismark avait, par surcroît, pris ses précautions pour assurer au groupe germanique, par le renouvellement simultané, pour une longue période, des budgets militaires autrichien et allemand, une supériorité effective sur les autres puissances, dont les dépenses de guerre sont soumises à un vote annuel, qu'il est en conséquence facile de surveiller.

Bien plus, la disposition nouvelle introduite dans la loi allemande au sujet des exercices annuels des hommes de la réserve aurait permis à l'Allemagne, par un artifice inspiré des traditions fondées par Scharnhorst, Gneisenau et le baron de Stein, d'accroître d'année en année, par les moyens les plus économiques, les forces utiles de son armée, sans enfreindre la lettre de la convention de désarmement.

Si cette combinaison profonde, qui a été sur le point d'aboutir en avril dernier, avait réussi, le pangermanisme aurait eu libre carrière, de Flessingue au Saint-Gothard et à la Leitha, sans avoir à redouter aucune intervention gênante, et le jour où l'Europe, se sentant devenir cosaque à ce régime qui l'eût retenue désarmée et impuissante sous l'œil de M. de Bismark et en face de l'envahissement allemand, aurait voulu dire son mot et rompre le traité, elle se fût sans doute aperçue qu'elle se ravisait trop tard pour soustraire la Belgique, la Hollande, la Suisse et les provinces allemandes de l'Autriche aux conséquences de l'infiltraltion germanique.

Quant à l'Alsace-Lorraine, privée de l'espoir de délivrance qui l'a soutenue jusqu'ici dans sa foi en des temps meilleurs, elle n'aurait plus eu qu'à se plier définitivement à sa destinée, et l'Allemagne, pour témoigner à M. de Bismark sa reconnaissance de l'avoir allégée du poids des dépenses militaires qui l'écrase, eût été trop heureuse de lui donner carte blanche pour dépécer à sa guise le « pays d'empire », et rayer jusqu'au nom d'Alsace-Lorraine du catalogue des questions européennes.

Le programme était vraiment beau, car il ne tendait à rien moins qu'à retourner de la façon la plus inattendue, au profit exclusif de l'Allemagne, une situation presque désespérée maintenant et à préparer un splendide couronnement à l'œuvre impériale. — Il a malheureusement suffi d'une lubie des électeurs anglais pour faire crouler du jour au lendemain tout l'échafaudage, et le prince de Hohenlohe, que M. de Bismark avait rappelé tout exprès de Paris pour lui céder le contre-seing dans cette circonstance, tandis que lui-même se proposait d'aller se reposer dans ses terres, afin de mieux tromper la France sur le caractère de sa proposition et lui rendre plus difficile un refus, doit se demander aujourd'hui si c'est pour l'envoyer échouer sur les îles Samoa qu'on l'a fait revenir « temporairement » de la rue de Lille à Wilhelmsstrasse.

Ainsi s'illumine d'une singulière clarté toute la politique allemande des derniers mois, depuis l'étrange bonne humeur de Vienne jusqu'à l'effarement non moins étrange qui a été la suite des élections anglaises. — Il semble, à voir le désarroi subit où ce simple fait d'une modification devenue nécessaire dans le gouvernement britannique a jeté la politique de la chancellerie de Berlin, que M. de Bismark ait mis tout son enjeu sur ce projet de désarmement, pour lequel il s'était assuré le concours de l'Autriche et du ministère Beaconsfield, et par lequel il espérait arriver tout au moins à tirer l'Allemagne de ses embarras financiers. Ses velléités de villégiature se sont trouvées brusquement et indéfiniment ajournées, et il lui a fallu d'urgence reporter son attention vers la politique intérieure pour tâcher de trouver sur la route de Canossa une issue qu'il sent ailleurs se fermer sur lui de toutes parts.

Cet effondrement de sa politique étrangère en marque le point faible, en ce qu'il montre combien elle s'accommode peu des fluctuations de la vie parlementaire même chez les peuples voisins, et qu'elle ne doit ses succès qu'à des coups de surprise opérés à la faveur de l'inertie générale.

L'histoire hésitera peut-être à reconnaître à M. de Bismark les qualités de grand politique et de véritable homme d'État, mais elle le consacrera assurément diplomate accompli.

On ne se souvient pas assez que c'est à Francfort, au sein de la défunte diète germanique, où s'agitaient dans une confusion si naïve toutes les mesquineries humaines, que le futur chancelier impérial a fait ses premières armes; c'est là qu'il put s'exercer à loisir au mépris des hommes et au dédain de l'opinion publique, qu'on dit être les deux qualités primordiales de quiconque aspire à la domination, et c'est au sortir des séances de la diète que, dans ses lettres familières à sa femme et à sa sœur, la comtesse d'Arnim, il s'essayait à ses premières boutades sur la comédie politique. Ç'aura été le coup de maître de ce grand ironique d'avoir réussi, dans l'intérêt de la politique prussienne, à faire, vingt ans durant, de l'Europe entière une immense diète de Francfort, dont il s'est amusé à jouer avec l'habileté d'un homme rompu à toutes les roueries de la procédure austrégale.

Il a fait ainsi travailler, à tour de rôle, chaque

puissance pour le roi de Prusse, ne payant jamais qu'en billets à la Châtre. Mais l'Europe paraît lasse enfin de travailler pour M. de Bismark et son roi, car elle sait maintenant ce qu'il lui en a coûté d'inquiétudes, de troubles et d'argent, pour avoir laissé défaire, au profit de la Prusse, l'équilibre constitué par la paix de Westphalie et consacré par les traités de 1815.

La conquête de l'Alsace-Lorraine et la ferme volonté du conquérant de se maintenir à tout prix en état de défendre cette conquête par les armes, ont été cause de tous les maux dont le monde civilisé gémit depuis lors, sans y entrevoir encore de remède ni d'issue.

Qu'on supprime par la pensée la question alsacienne, qu'on suppose que le vainqueur se soit montré modéré dans la victoire, et tout aussitôt on se convaincra que toutes les misères politiques et économiques dont l'Europe souffre depuis dix ans, les appréhensions qui l'agitent, les dépenses improductives qui la ruinent, les suspicions qui la divisent et la troublent auraient fait place aux bienfaits d'une paix longue et féconde, dont tout entière elle aurait eu intérêt à se faire garante et dont l'Allemagne eût été la première à tirer profit.

XXVIII

Nous le concédons cependant, car le temps des récriminations est passé, et ces heures douloureuses sont assez loin de nous pour qu'on puisse en parler froidement : il était bon que l'expérience se fît. Sans elle, on n'aurait jamais soupçonné les trésors d'idées fausses et de dangereuses illusions, ni l'abîme de haines, de jalousies et d'envie que recelait dans son sein, sous des dehors placides et sérieux, cette agglomération de quarante millions d'hommes installée au centre de l'Europe, race intelligente et forte, mais encore inexpérimentée et naïve, dépourvue d'imaginative, mais prompte à se rendre malade à force d'imagination quand la satisfaction de ses appétits est en cause, ayant entrevu en rêve son unité, aux dépens du voisin, avec des yeux d'enfant qui écoute des contes de fées, professant sur les moyens de s'enrichir des idées qui retardent de mille ans, et capable de se ruer à la conquête autant qu'elle est docile à se laisser tourner la tête par les pires sophismes de l'école.

La campagne de France et l'acquisition de l'Alsace-Lorraine auront servi d'exutoire à tant de passions confuses et d'âcres humeurs! et, s'il en reste encore hélas! au cœur de bon nombre d'Allemands un fonds peut-être inépuisable, du moins ceux que ces passions inassouvies menacent sont maintenant prévenus et en garde.

La Prusse et l'Allemagne ont pu en prendre à leur aise et accomplir en toute liberté leur programme jusqu'au bout : tant mieux, puisqu'on a vu plus clairement ainsi ce que veut ce programme. Leur victoire même était nécessaire pour rendre la leçon profitable et complète, car une défaite subie par elles n'eût été qu'un ajournement.

L'expérience, telle que l'Europe l'a laissée s'accomplir, s'est faite de plus dans les meilleures conditions « scientifiques », et c'est ce qui la rend si instructive pour tous et si particulièrement humiliante pour ce peuple de savants, qui avait fondé le bon accueil qu'il attendait des Alsaciens sur la couleur de leurs cheveux et de leurs yeux, la forme de leurs crânes, leur patois et d'autres analogies de race trahissant incontestablement l'extraction germanique, — et qui pourtant les a trouvés aussi obstinément rebelles au joug allemand que le furent jamais Irlandais, Polonais ou Vénitiens contre leurs occupants étrangers.

L'expérience est en bonne voie, mais elle n'est pas achevée : la leçon aura coûté assez cher pour faire désirer qu'elle soit décisive. Il faut que l'Allemagne, qui a prétendu restaurer la politique de la force, éprouve ce que cette politique a de vain. Elle a inventé les nations armées; il ne faut pas que, pour jouir du fruit de ses victoires, elle puisse, par un désarmement, échapper à la ruine.

Que l'Europe maintienne donc ce qu'elle a permis qui se fît : le temps et l'Alsace-Lorraine se chargeront du reste, et la France, que vise spécialement la politique prussienne, est heureusement assez riche pour soutenir victorieusement cette lutte d'armements à outrance.

Aussi bien, c'est le désir des Allemands eux-mêmes de ne point désarmer : ils tiennent à jouir de leur nouvelle loi militaire, comme le Reichstag l'a déclaré par un vote récent.

M. de Bismark, qui ne dédaigne aucun petit moyen quand il le croit propre à concourir au succès de ses plans, avait songé, alors qu'il caressait le projet auquel j'ai fait allusion plus haut, à y préparer en Europe une opinion publique favorable. C'est dans ce dessein qu'il a personnellement correspondu avec le professeur Sbarbaro de Naples, le sénateur Jacini de Rome et le député de Bühler de Stuttgart.

Celui-ci n'était pas le premier venu : administrateur des domaines de la famille de Hohenlohe, il s'est persuadé qu'en lui faisant l'honneur de lui écrire, le chancelier attendait de lui une collaboration sérieuse et qu'il remplirait un devoir envers ses maîtres en servant la cause du désarmement européen. — Aussi, oubliant que de tous les genres d'esprit, le meilleur est encore l'esprit d'à-propos, il est venu en toute candeur porter à la tribune une proposition qui retardait de quinze grands jours sur les événements,... mais ce n'est pas pour ce motif que le Reichstag l'a repoussée presque unanimement.

Au fond, comme il lui arrive assez souvent, le Parlement n'avait une fois de plus rien compris du tout à l'économie de la loi que M. de Bismark lui avait fait voter; il croyait fermement que l'Allemagne avait un urgent besoin des forces nouvelles qu'on avait obtenues de lui.

Le résultat le plus clair de toute cette campagne du « septennat », un instant si grosse de périls pour l'Europe, aura été en définitive de conduire un peu plus vite le peuple allemand à la ruine, et à réduire à l'absurde la politique militaire de ses gouvernants. Son budget de guerre se trouve maintenant grevé, pour sept ans de plus, d'un supplément d'une trentaine de millions de charges annuelles, et les exercices périodiques imposés aux hommes de la réserve — vrai chef-d'œuvre d'invention au cas où les projets de désarmement eussent abouti — n'auront d'autre effet, dans les circonstances actuelles, que de précipiter l'émigration de tous ceux que frappe cette nouvelle charge personnelle, ainsi que la menace d'un impôt militaire.

La politique de M. de Bismark paraît déjà entrée dans sa saison d'automne : il assiste à la récolte des fruits qu'il a si abondamment semés. Après la ruine financière et la stagnation industrielle et commerciale, voici venir l'exode et le dépeuplement de l'Allemagne valide. L'industrie allemande se plaint non sans raison d'avoir perdu ses meilleurs débouchés, surtout en Amérique, pour la plupart de ses produits; mais l'Amérique restera toujours prête à accueillir à bras ouverts les populations germaniques que les flottes marchandes de Brême et de Hambourg suffisent à peine à y déverser assez vite au gré des émigrants.

Le dernier mot de la « culture » allemande sous le nouvel empire serait-il donc la production et l'élève d'enfants qui, à peine arrivés à l'état d'hommes faits et d'instruments productifs, n'ont rien de plus pressé que de s'exporter eux-mêmes dans les solitudes du Far-West? On le croirait en voyant où le système prussien a conduit l'Allemagne tambour battant.

Et pourquoi tout cela? Uniquement pour défendre, retenir et garder l'Alsace-Lorraine coûte que coûte. Voilà dix ans bientôt que l'Allemagne geint, s'épuise et se mine sous l'appréhension d'une revanche imminente, dont la Prusse ne se lasse point d'agiter devant elle le fantôme.

Que la Prusse y ait intérêt, cela n'est douteux pour personne, et, d'ailleurs, il n'est pas mauvais que l'Allemagne, pour sa punition, demeure sous l'obsession de ce perpétuel cauchemar, qui, dès les premières heures, a troublé la joie de son triomphe et qui devient plus angoissant à mesure que la France se relève.

Assurément non, la France n'oublie pas et ne peut oublier ses provinces perdues; mais où trouver, même en Alsace-Lorraine, l'homme assez fou pour lui conseiller d'engager une fois de plus le jeu aventureux des batailles, en vue de combattre une politique d'un autre âge qui ne vaut pas en vérité qu'on lui sacrifie une vie d'homme, alors que le cours pacifique des événements se charge si bien, à lui tout seul, de faire voir ce qu'une telle politique a de fatalement débile?

Une revanche! pour quoi faire et à quoi bon?

Dans l'espoir de récupérer les milliards? Que l'Allemagne se rassure : sa pauvreté la protège à cet égard bien mieux que ses forteresses. « Où il n'y a rien, le roi perd ses droits, » disait-on en France au temps où les rois y régnaient, et il en serait absolument de même pour une république, si triomphante qu'elle pût être et quelque âpreté qu'elle voulût mettre à pressurer ce pays épuisé.

Ou bien serait-ce pour tenter de reprendre l'Alsace-Lorraine de vive force? Eh! qui ne voit que la pire des revanches que les Allemands eussent à redouter est justement celle que leur inflige le souci de la possession et de la garde de cette province, qui avait allumé leurs convoitises et les avait surexcités jusqu'à la frénésie, et qui les navre et les ruine depuis qu'ils l'ont ravie? Ils expérimentent à leurs dépens que la conquête est devenue, au siècle où nous sommes, le plus onéreux des moyens d'acquérir et que c'est de nos jours une mauvaise et chanceuse industrie de demander sa subsistance aux dépouilles du voisin.

Cette dure leçon, qui atteint le conquérant tout à la fois dans son orgueil de race et dans sa fortune, les deux choses qui lui sont le plus chères, ne vaut-elle pas la plus sanglante des revanches et n'est-elle pas aussi de beaucoup plus efficace que toutes les considérations humanitaires que les apôtres de la paix pourraient imaginer pour tenter de réveiller sa raison et d'attendrir son cœur?

XXIX

Que l'Alsace-Lorraine se console de l'abandon où elle paraît laissée et qu'elle ne perde point courage. Si elle fait pour le moment moins de bruit dans le monde que les petites peuplades qui absorbent l'attention de l'Europe dans la péninsule des Balkans, la tâche dont elle s'acquitte, en résistant avec tant de noble patience à la politique de la force, est plus grande et promet d'être, en définitive, plus durable et plus féconde que tout ce que pourront engendrer jamais les habiletés de la diplomatie et les rivalités de races.

Dans le désarroi universel, c'est à elle qu'il est réservé d'accomplir, par la rude leçon qu'elle donne aux vainqueurs, la grande œuvre de débarrasser à la fois l'Europe et la civilisation des vieilles idées de domination physique et de puissance purement matérielle. En usant le système prussien, comme elle contribue à le faire, et en contraignant le jeune empire germanique à prendre sur lui-même la revanche du droit civilisé contre le droit barbare, l'Alsace-Lorraine nous paraît remplir une mission civilisatrice bien supérieure à celle à laquelle l'Allemagne prétendait ambitieusement.

Voilà près de dix ans que, chaque jour, elle lui fait éprouver combien, dans notre société moderne, les moindres faits économiques et sociaux se rient des calculs des politiques les plus profonds et des prévisions des plus puissants chefs d'armée.

Faible et délaissée, elle a quelque droit d'être fière en voyant que, par amour pour elle, un grand empire se ruine et un autre grand pays se relève; dominée et comprimée, elle ne fait que mieux sentir que, si, par accident, il peut arriver à la force de primer le droit, elle reste néanmoins impuissante à le fonder, et qu'il sera toujours vrai de dire que « force n'est pas raison ».

Si la politique allemande s'est montrée tellement vaine et débile, qu'il ait suffi, pour y faire échec, d'un million et demi d'hommes ayant le sentiment de leur dignité et la conscience de leurs droits, c'est que cette politique n'a d'autre base qu'un entassement de sophismes et d'anachronismes. « Il a été, disait Voltaire, plus facile aux Hérules, aux Vandales, aux Goths et aux Francs d'empêcher la raison de naître, qu'il ne le serait aujourd'hui de lui ôter sa force quand elle est née. » On n'y a pas assez songé dans le pays qui a servi de berceau aux Vandales, aux Francs et aux Hérules, tandis que les Alsaciens, pour leur part, ont senti comme d'instinct que la raison finit toujours par avoir raison. Leur mérite est d'être demeurés assez patients, assez maîtres d'eux-mêmes, assez fermes dans leurs convictions pour laisser à l'heure de la raison le temps de venir, et certains signes indiquent que cette heure n'est peut-être plus loin.

Il nous répugne de mêler la Providence aux choses peu édifiantes dont nous sommes depuis si longtemps les témoins et où les mobiles humains les moins avouables ont tenu tant de place ; mais, s'il est permis de reconnaître son intervention quelque part, n'est-ce pas bien plutôt dans le tour inattendu que les événements ont pris depuis la guerre que dans le succès éphémère d'une entreprise violente machinée de longue main contre un adversaire trop confiant ?

Ne semble-t-il pas à M. de Manteuffel que les

desseins d'en haut se soient étrangement éclairés depuis dix ans, et qu'il apparaisse plus distinctement chaque jour que les voies des Hohenzollern ne sont pas toujours, quoi qu'ils disent, celles de Dieu ! Le beau thème à sermons pour des prédicateurs de cour, et, comme le pasteur Adolphe Stœcker ferait bien mieux d'y réfléchir que de déclamer contre la race d'Israël, au nom de l'empire germano-chrétien de ses rêves !

Puisque les Allemands ont tant de goût pour le rétrospectif, et qu'au demeurant les amertumes et les désillusions de l'heure présente semblent les inviter à faire des retours sur eux-mêmes et sur le passé, qu'ils méditent les croisades.

Alors, comme il y a dix ans, l'Europe vit se dresser des soldats de Dieu, allant, en justiciers, faire éprouver la force de leurs bras et leur influence civilisatrice à une race mécréante. Qu'advint-il pourtant ? L'islam, soumis à tant de rudes assauts, en mourut si peu, qu'il n'a pas cessé de donner, depuis lors, de la tablature à la diplomatie, tandis que papes, empereurs, rois, seigneurs et vassaux ne rapportèrent qu'affaiblissement, corruption et ruine de cet Orient, où ils avaient été quérir gloire, domination et profits.

Ce qui en résulta est bien connu ; il n'est pas d'élève de troisième qui n'ait eu, en son temps, à disserter sur cette matière, et la docte Allemagne en sait assurément là-dessus tout aussi long que nous. Les seigneurs, à court d'argent, durent vendre leurs terres, lambeau par lambeau, et se mettre à la merci des prêteurs et des trafiquants ; la féodalité en reçut ses premiers coups, et les rois de France, qui, plus que les autres monarques, firent souvent preuve de ce bon sens qui est la marque des esprits vraiment politiques, renonçant à leur ligue avec une noblesse déclinante pour prendre désormais le parti du peuple contre les grands, du village contre le manoir, faisaient faire à l'unité nationale ce premier pas que maintes monarchies, en Europe, ont encore à franchir.

Des velléités d'oppression et de domination, dont s'étaient grisés pendant tout un siècle les puissants de la terre, jaillissaient ainsi à l'improviste les premières lueurs de la liberté ; la philosophie de l'histoire est pleine de tels enseignements et de semblables contrastes.

D'autre part, les préjugés de races, qu'avaient entretenus les écoles monastiques du temps, dont les universités allemandes se montrent sous ce rapport les dignes héritières, ne purent tenir devant la révélation d'un état de civilisation plus avancé que celui des soi-disant civilisateurs. —

Les horizons humains s'étant élargis en tout sens, les goûts devinrent moins grossiers ; les esprits, affranchis, s'ouvrirent aux idées de justice ; ils s'initièrent aux belles choses, aux sciences, aux lettres, aux arts ; le commerce s'enhardit, le crédit se fonda, les préventions entre peuples s'atténuèrent par degrés ; on alla jusqu'à s'habituer à compter les Sarrasins pour des hommes et à confesser que le sultan Saladin valait bien un baron. — En un mot, l'Europe, qui s'était élancée à l'assaut de la barbarie musulmane, commença à se connaître, et ce fut au contact des vaincus qu'elle se polça... Quelque chose d'analogue semble se passer en Alsace-Lorraine, où les conquérants, dépouillant peu à peu leurs préjugés, apprennent à raisonner moins faux et leurs femmes à se mettre avec goût.

N'oublions pas deux autres fruits des croisades, que le génie de Cervantès a faits inséparables : le don-quichottisme et les moulins à vent. Il serait en vérité dommage pour tout le monde que ce fussent les seuls fruits que l'Allemagne retînt de sa propre croisade contre le « latinisme », car elle mérite mieux que cela.

Avec son esprit réfléchi et méditatif, elle ne peut manquer de reconnaître, à mesure qu'elle sentira davantage l'étreinte du besoin, que c'est de viande creuse qu'on s'efforce de la nourrir depuis trop longtemps et qu'elle s'est laissé égarer et duper par son école historique, qui, tout à l'opposé d'une autre bruyante école, a le tort grave de ne tenir aucun compte du « document humain », et de ne spéculer que sur de vieilles idées et sur d'abstraites théories de races, n'ayant plus de nos jours d'application que dans le monde des éleveurs ; prétendre les expérimenter sur l'humanité est faire œuvre de paléontologistes.

Ne sont-ce pas, d'ailleurs, les princesses allemandes qui ont été les premières en cela, depuis qu'il existe des princesses en Allemagne, à travailler à la fusion des races en pratiquant la sage doctrine internationale du libre-échange des cœurs et en n'écoutant dans leurs alliances que la loi des affinités électives, dont le grand Gœthe lui-même a fait voir le danger de contrarier le cours?

L'Alsace-Lorraine, qui, pour son malheur, ne jouit pas des mêmes libertés que les nobles filles d'Allemagne, se donne du moins l'amère consolation de faire éprouver à ses conquérants qu'en s'en prenant à elle, au nom de leurs doctrines ethnographiques, et en voulant la posséder à tout prix, il leur faut payer cher l'erreur d'avoir trop cru à Arndt et à sa formule. C'est une formule à rectifier, chose grave pour un peuple qui ne sait se conduire dans la vie que soutenu par de telles lisières, et pour comble d'humiliation, c'est dans leur propre langue que l'Alsace-Lorraine leur donne cette leçon.

XXX

Il y a toujours péril à trop juger des autres d'après soi-même et surtout à trop vivre dans le pays des chimères et du bleu. Il est bon de se défier du mirage qu'exerce l'éloignement, dans le temps comme dans l'espace, et il est bien rare qu'un retour aux pays déjà visités ne désenchante pas.

Ce n'est que par les idées neuves que la civilisation et l'humanité progressent, et l'Allemagne a commis la faute de partir en guerre avec une idée aussi vieille qu'elle est fausse, en prêchant la théorie des races et la suprématie de la force. L'ère de Barberousse est passée pour ne plus revenir, son empire ne se refait plus, et ce n'est que dans Hegel qu'on trouve des recommencements. Ce qu'elle a pris à tort pour un effet de son génie n'est, en réalité, que la conséquence d'un développement social que d'heureuses circonstances avaient tenu à l'abri des coûteux et décevants déboires de la politique et des douloureuses complications de la lutte pour l'existence. La première expérience que Teutonia ait eu à faire à son réveil, après que M. de Bismark l'eut mise dans ses meubles, ce fut de voir combien la vie avait renchéri depuis Arminius et ce qu'il en coûte aujourd'hui pour tenir un grand train de maison.

Tacite avait bien raison de supposer que c'était par un effet de la bonté du ciel que les Germains de son temps ignoraient l'usage des métaux précieux; car, depuis que leurs arrière-neveux ont atteint la fortune et que la muse allemande a chaussé la demi-botte, les malheurs ont fondu sur eux, les sonnets cuirassés ont tué l'idylle, la poésie s'en est allée avec le calme de l'esprit et le contentement du cœur, et les temps sont si changés, que Lottchen n'a plus rien à distribuer en tartines à ses petits frères.

> Ni l'or ni la grandeur ne nous rendent heureux.
> Ces deux divinités n'accordent à nos vœux
> Que des biens peu certains, qu'un plaisir peu tranquille.

A la sentimentale *Gemüthlichkeit* d'autrefois

a succédé le plus désolant prosaïsme, et les *privat-docenten* eux-mêmes, ces jeunes lévites dont l'Allemagne savante aimait à se faire gloire, renonçant au culte désintéressé de la science, sollicitent maintenant des emplois de bureau pour ne pas mourir de faim.

Tout ce qui faisait naguère encore le charme et la séduction de l'existence un peu végétative des Allemands s'est dissipé sans retour devant les prétentions aussi ridicules que peu justifiées à la suprématie et à la domination du monde.

A leur tour, ils paraissent être arrivés à leur « moment psychologique »; heureusement qu'eux du moins ont, pour le traverser et surmonter vaillamment l'épreuve, la forte armure de ces vifs sentiments de piété dont ils se sont tant de fois vantés aux heures de la victoire. C'est surtout aux heures de tristesse qu'ils lui seront une précieuse ressource, sans compter qu'ils sont plus méritoires alors que lorsque retentissent les chants des *Te Deum* et qu'éclatent les fanfares du triomphe. Job résigné et ferme nous apparaît plus grand que les Macchabées exultants. Que les Allemands, après avoir visé au rôle de Macchabées prennent exemple sur Job. — Ce Dieu qu'ils ont prétendu rapetisser au point de le faire tenir sous un casque prussien, afin de mieux l'accaparer tout entier, est plus miséricordieux et plus compatissant qu'ils ne l'imaginent, et, si, dans leur abattement, ils hésitaient à redire: *Gott mit uns*, les Alsaciens eux-mêmes crieront pour eux : *Gott mit euch !*

C'est par de pareilles épreuves que les nations s'humanisent, et ce serait un progrès énorme pour la civilisation générale si la grande Allemagne se décidait enfin à voir le monde comme il est, et non tel que le lui dépeignent ses docteurs et ses contes bleus. Elle a vraiment perdu trop de temps à la poursuite du bonheur historique et des limites de la race blonde ; il lui faut maintenant regarder en avant et tâcher de rejoindre l'étape, après avoir eu soin de débarrasser sa route de toutes les vieilleries dont elle l'a encombrée comme à plaisir.

Qu'elle commence par renoncer pour toujours au culte dont M. de Treitschke s'est constitué le grand prêtre, à ses pompes et à ses œuvres ; elle doit reconnaître aujourd'hui l'inconvénient de chercher dans les *Nibelungen* des titres à la possession du Rhin « allemand ».

Si sa sentimentalité la porte à entretenir malgré tout dans son âme le culte du souvenir, qu'elle se contente comme autrefois de cueillir de petites fleurs bleues : c'est plus innocent et moins cher, moins décevant surtout que de prétendre rénover le monde à force de bras. Les Allemands voient bien que le monde ne se rénove pas aussi aisément qu'on le leur a fait croire, que le développement social ne consiste pas dans un peuple à développer uniquement les appétits sans avoir les moyens de les assouvir, et qu'en tout cas la « corruption latine » n'est pas encore assez avancée pour n'être plus bonne qu'à servir de fumier à l'efflorescence germanique.

Si la « culture » allemande, qui promettait merveilles, s'est montrée si singulièrement stérile, c'est qu'il n'est pas donné à chacun de faire grand. L'Allemand est né pour les labours profonds et voilà trop longtemps qu'absorbé par ce rôle de rodomont qui lui coûte si cher et lui convient si peu, il nous prive de ses « contributions » à l'œuvre universel.

Combien il ferait mieux de se remettre tout bonnement à cultiver son jardin, après s'être résigné à épouser Cunégonde, bien qu'elle aussi ait quelque peu perdu de ses charmes depuis qu'elle a pris goût au bruit des camps et au monde des casernes.

Qu'il ferait bon pouvoir revivre de l'existence paisible et tranquille d'autrefois !

Hélas ! quand reviendront de semblables moments ?

Tout aujourd'hui est si terne et si triste ! la vie se traîne péniblement dans un si désespérant terre à terre !

La nation allemande semble être arrivée par degrés à cet état d'indéfinissable malaise où, se sentant la tête lourde et la poche vide, on a comme le dégoût des autres et de soi-même, et que les étudiants des universités, qui le connaissent bien pour l'éprouver souvent, appellent familièrement entre eux du nom de *Katzenjammer :*

Ach, ich bin so müde! ach, ich bin so matt!

dit leur chanson, et c'est, en effet, un indicible sentiment de lassitude et d'énervement qui paraît avoir envahi d'un bout à l'autre toute l'étendue de l'empire.

M. de Bismark lui-même, le lutteur infatigable, se déclare *müde*, *todtmüde*, — las, las à mourir, — et la langue allemande, si habile à envelopper la pensée sans l'étreindre, vient de s'enrichir du mot pittoresque de *Reichsmüdigkeit*, qui résume admirablement en quatre syllabes toute la situation. De toutes parts percent d'évidents symptômes d'écœurement et d'ennui.

Le cas, du reste, n'est pas grave et l'on n'en meurt point ; c'est simplement l'ivresse du triomphe qui se dissipe avec les rêves qui la doraient, sous l'action tonique des amers; et quoi de plus amer pour le peuple allemand que cette dragée d'Alsace que lui a tendue la Prusse et qui sera d'autant plus efficace pour le ramener bientôt à la pleine possession de sa raison que la dose, imprudemment calculée, aura été plus énergique?

XXXI

S'il lui faut patienter encore, l'Alsace-Lorraine patientera, non point parce qu'étant de race allemande, elle en a les vertus, comme ses conquérants affectent de le croire, mais parce qu'elle est en réalité plus civilisée qu'eux et qu'un peuple, si petit qu'il soit, ne retourne pas bénévolement en arrière.

Nous ne sommes pas en peine d'elle : avant même qu'elle portât un nom dans l'histoire, dès les temps de César et de Julien l'Apostat, son territoire a toujours servi de rempart à la civilisation et de filtre à la barbarie. C'est là sa mission historique, à elle, et, qu'elle le veuille ou non, par la force même des choses, elle y demeurera fidèle encore cette fois, en devenant le principal agent de ruine d'une politique qui, comme au temps des invasions barbares, ne compte qu'avec le nombre et la force matérielle.

M. de Manteuffel a prouvé qu'il ne connait encore qu'imparfaitement l'histoire de l'Alsace, quand il est venu invoquer auprès de ses habitants actuels une communauté historique et politique de sept siècles avec le vieil empire germanique. En réalité, toute cette longue période de l'histoire d'Alsace n'a été que l'histoire de la revendication et de la défense de ses libertés contre les empereurs d'Allemagne qui, toujours besogneux, avaient coutume de les lui vendre à beaux deniers comptants. L'empire ne songeait à l'Alsace que pour réclamer d'elle des subsides en hommes ou en argent : cela lui arrivait souvent, il est vrai, mais les villes alsaciennes ne les lui accordaient que moyennant l'octroi de bons privilèges bien effectifs.

Strasbourg surtout, dont les florins et les ducats étaient fort réputés outre-Rhin, avait eu tant d'occasions de les dépenser en achats de parchemins, que, dès le xve siècle, elle possédait, outre une soixantaine d'autres franchises, grandes et petites, le droit de conclure des traités politiques même avec l'étranger et la dispense de rendre foi et hommage à l'empereur. Moins d'un siècle plus tard, elle résistait courageusement au tout-puissant Charles-Quint, en même temps qu'elle correspondait avec François Iᵉʳ, qui l'appelait « sa très chère et grande amie ». C'est là, on l'accordera, un genre d'autonomie auquel ressemble peu ce que nous voyons aujourd'hui.

Pendant les sept cents ans dont parle M. de Manteuffel, c'est à la Suisse bien plus qu'à aucun des États allemands qu'il convient de comparer l'Alsace, avec cette seule différence que l'une, grâce à la conformation de son territoire et la seule énergie de ses montagnards, a pu s'affranchir du joug impérial par les armes, tandis que l'autre a dû s'y prendre par des voies plus lentes, en usant de patience, de persévérance et de diplomatie. Du moins l'Alsace apprit-elle à ce régime à ne compter que sur elle-même et à se passer de l'empire aussi bien que de l'empereur; ainsi s'est développé dans sa population cet esprit démocratique qu'on lui a parfois reproché bien à tort; car il n'est autre chose qu'un vif sentiment d'indépendance et d'égalité qu'a engendré de très bonne heure, dans ce pays de petite propriété et de médiocres fortunes, où personne ne s'est jamais senti écrasé par la prépondérance du voisin, un état social qui n'a guère connu que de nom l'oppression féodale et les relations de patron à client.

Aussi la Prusse a-t-elle vainement attendu que les Alsaciens vinssent à elle pour solliciter des grâces ou réclamer des faveurs qu'elle était toute disposée à leur accorder afin de les gagner et de les mieux compromettre. Les vieilles traditions de franchises municipales ont appris à ces populations et les ont habituées à parler, opiner et agir librement, selon leurs convictions, et à ne rien demander au pouvoir que le respect de leur droit et de leur liberté, c'est-à-dire le moins d'impôts et de fonctionnaires possible : or ce sont justement les seules choses que le nouveau régime leur ait libéralement octroyées.

On conçoit à quel point de telles mœurs publiques ont dû déconcerter les manières de voir prussiennes ; mais, quand M. de Manteuffel aura mieux pénétré le véritable esprit des habitants de la province dont les destinées lui sont maintenant confiées, il reconnaîtra que les Alsaciens ont mille raisons pour repousser un régime qui, en vertu de son principe même, ne peut que fausser, stériliser et détruire un ensemble d'institutions lentement développées chez eux selon les vrais besoins sociaux, aussi bien dans le domaine de l'industrie, de l'agriculture, du commerce et du crédit que dans celui de l'éducation, de l'assistance publique et de la bienfaisance privée.

Le *statthalter* a fait voir, dès les premiers jours, qu'il est personnellement animé des meilleures intentions et tout à fait digne de toutes les sympathies ; mais il doit lui-même commencer à douter de réussir à en conquérir beaucoup à l'empire germanique et à décider les Alsaciens à devenir des Allemands par persuasion.

On se défiera de son renom de diplomate et de la séduction même qu'il exerce sur tous ceux qui l'approchent. — Quand naguère les Conseillers généraux de Lorraine refusaient de s'asseoir à sa table, ils pratiquaient d'instinct cette maxime de la Rochefoucauld : « Il suffit quelquefois d'être grossier pour n'être pas trompé par un habile homme. » Non pas assurément que M. de Manteuffel entende tromper personne : il ne veut que gagner les cœurs ; mais comment arriver jusqu'à eux si les corps lui échappent ? Il ne convertira que les convertis, et, de ceux-là, il a toutes raisons de n'avoir point souci.

Il a eu le bon goût de ne pas chercher, comme son prédécesseur, un appui dans le parti autonomiste, et nous ne songerons même pas à lui en faire un mérite, car cela prouve simplement, ce qu'on savait, qu'il a la platitude et la vulgarité en horreur et qu'il a été tout de suite fixé sur le compte de ce groupe qui, sans racines sérieuses dans le pays, avait pris l'habitude de s'agiter et de se démener à la façon d'une armée de cirque, pour faire croire qu'il forme des légions. L'empereur, à la seconde visite qu'il a faite en Alsace-Lorraine, n'avait pu cacher son déplaisir et son dépit de voir reparaître toujours en sa présence, comme représentante des « masses », la même douzaine de figures ; l'arrivée de M. de Manteuffel a suffi pour intimider ce petit monde et lui rabaisser le caquet.

XXXII

Serait-il vrai, comme on l'a dit récemment, que le feld-maréchal eût conçu la pensée de prendre le terrain religieux comme base d'opération, dans l'accomplissement de sa mission de conquête morale, et que ses efforts tendissent surtout à réconcilier la population catholique avec le nouveau régime?

En Allemagne comme en France, on a voulu en trouver la preuve dans les bonnes relations qui se sont établies entre M. de Manteuffel et l'évêque de Strasbourg (personne, dans la circonstance, n'a prononcé, et pour cause, le nom du patriote évêque de Metz); on a été jusqu'à parler à ce propos de la cessation du *Culturkampf*, comme si le *Culturkampf* n'était pas affaire exclusivement prussienne [1]. Les « lois de mai » n'ont jamais été en vigueur en Alsace-Lorraine, où les rapports entre l'Église catholique et l'État n'ont pas un instant cessé d'être régis uniquement par la législation concordataire française.

Il est assez vraisemblable que M. de Manteuffel, dont l'esprit profondément religieux est connu et qui, comme homme d'État, paraît surtout voir dans le développement de ce même esprit chez le peuple un puissant moyen de discipline, n'aura pas été fâché de faire sentir à Berlin, par son attitude conciliante à l'égard du clergé d'Alsace-Lorraine, combien il désapprouve la politique religieuse de la Prusse, qui, sans réussir à affaiblir l'Église ni rien ajouter à la force de l'État, n'a, en définitive, abouti qu'à créer de gros embarras au gouvernement en désorganisant un millier de paroisses et une dizaine de diocèses. Cela lui semble mauvais, et c'est ainsi que peuvent s'expliquer les avances qu'il a faites à l'évêque de Strasbourg, en lui permettant de rou-

---

[1]. Il ne faut pas confondre les lois dites *de mai*, constitutives de ce qu'on appelle le *Culturkampf*, et qui sont particulières au royaume de Prusse, avec la loi impériale du 4 juillet 1872, qui a prononcé l'expulsion de l'ordre des jésuites et ordres affiliés. Cette dernière loi, qui, seule, a force exécutoire dans toute l'étendue de l'empire, a été mise en vigueur en Alsace-Lorraine par un décret-loi du 8 du même mois.

vrir ses petits séminaires, fermés par voie administrative depuis 1874 : le Landesausschuss en avait d'ailleurs unanimement exprimé le vœu.

S'il était vrai cependant que le feld-maréchal espérât de cette concession quelque avantage important et durable pour la politique du gouvernement qu'il représente en Alsace-Lorraine, il ne tarderait pas à reconnaître qu'il s'est trompé. Il aurait, en tout cas, été choisir en la personne de l'évêque de Strasbourg un bien faible auxiliaire ; car Mgr Ræss, s'il continue à être vénéré comme prélat, a perdu dans le pays toute influence politique et a lui-même compris qu'il était sage d'y renoncer, depuis sa fameuse déclaration du 18 février 1874, par laquelle il s'est « cru obligé en conscience de dire au Reichstag que les catholiques d'Alsace-Lorraine n'entendent aucunement mettre en question le traité de Francfort, conclu entre deux grandes puissances ». — Son clergé, aussi bien que les fidèles, s'est refusé à le suivre sur ce terrain, comme l'ont assez prouvé les événements ultérieurs des six dernières années.

Les prêtres alsaciens passent avec raison pour intelligents, et ils prendraient assurément mal leur temps, aujourd'hui où tant de choses ont empiré, s'ils consentaient à se prêter, sur les exhortations de leur évêque, à une évolution favorable à l'Allemagne et à ses plans de germanisation. Ils savent d'avance qu'ils compromettraient inutilement ainsi leur autorité et qu'ils ne pourraient qu'échouer dans la tentative d'opérer une pareille conversion ; car la population alsacienne n'a jamais admis que ceux qui ont pour mission spéciale de l'instruire dans les choses de la religion prétendent l'édifier malgré elle sur les choses du jour; elle veut bien former un troupeau de fidèles, mais non point d'électeurs.

En Alsace-Lorraine, la coexistence des divers cultes, vivant en paix, non pas seulement dans les mêmes localités, mais jusque dans les mêmes temples, a beaucoup contribué à épurer l'esprit religieux de maints préjugés qui, ailleurs, l'obscurcissent encore, et à le dégager de ce qui doit y rester étranger.

On fera toujours œuvre vaine en essayant d'employer la religion comme auxiliaire et servante de la politique dans un pays auquel tant de bouleversements, trop manifestement inspirés par les seuls calculs humains, ont complètement fait perdre la foi naïve que Silésiens, Poméraniens et Posnaniens peuvent encore avoir dans les doctrines du droit divin, et où l'esprit de tolérance et le respect mutuel des croyances de chacun sont développés au point que personne ne s'y offusque de voir le chef du diocèse recevoir en même temps à sa table les chefs des trois cultes dissidents. — Vouloir mêler dans un tel milieu les questions de foi aux choses de gouvernement, c'est commettre une erreur analogue à celle des hauts fonctionnaires français qui dénonçaient en bloc, au début de la guerre, les protestants alsaciens comme Prussiens, parce qu'il leur était arrivé, à la façon de l'Anglais de Calais, de rencontrer quelque monsieur Schneegans sur leur chemin.

Rien ne démontre mieux à quel point le sentiment patriotique fait taire, en Alsace-Lorraine, tous les dissentiments religieux et combien la question de croyance y reste étrangère aux préférences de nationalité, que l'accord qui s'est établi dès les premiers jours entre ceux que les autonomistes se sont plu à distinguer en « ultramontains » et « protestationnistes », et qui viennent, comme je l'ai dit, de se fondre en un seul grand parti d'opposition, ayant à sa tête, en nombre égal, des membres du clergé catholique et des protestants avérés.

Un des prédécesseurs de M. de Manteuffel, M. de Bismark-Bohlen, comme lui aide de camp du roi de Prusse et orthodoxe luthérien comme lui, a éprouvé déjà qu'en Alsace-Lorraine un administrateur est sûr de tout gâter en s'appuyant sur la politique du trône et de l'autel. M. de Manteuffel ne retombera pas dans cette faute; il songera qu'il y a huit ou dix ans, alors qu'on était encore tout à l'espérance parce que l'administration allemande était elle-même tout aux promesses, son prédécesseur pouvait à la rigueur se faire illusion sur les chances d'un système tout à fait condamné, maintenant que le pays ne sait que trop à quoi s'en tenir sur ce que promesses et espérances valaient.

Ce ne sont ni les autonomistes, ni les âmes pieuses qu'il s'agit de gagner au nouveau régime, mais bien l'immense majorité de la population, qui réclame, avec grande raison, en un temps où les impôts sont devenus si lourds, quelque chose de plus positif que des assurances de félicité future.

M. de Manteuffel disait naguère aux habitants de Mulhouse : « Que nous soyons Suisses, Allemands ou Français, avant tout nous voulons vivre. » On ne pouvait indiquer avec plus de sagacité le nœud du problème. Qu'ils soient catholiques, protestants ou juifs, ce qu'Alsaciens et Lorrains demandent avant tout, c'est en effet de vivre, et tous, d'un commun accord, ils estiment qu'on ne vit point sous l'égide allemande, que c'est tout au plus si, en s'ingéniant beaucoup, on réussit à végéter sous ce régime qui n'assure ni le pain du corps, ni celui de l'esprit, ni les satisfactions de la vie individuelle, ni celles de la vie nationale, et qui n'offre pour aliments que la désespérante monotonie d'une politique toute personnelle, aussi dépourvue de grandeur que fertile en ennui, et les inquiétudes toujours renaissantes qu'entretient chez les contribuables un État omnipotent qui, dans son individualisme germanique, absorbe tout et ramène tout à lui. — Si tel est l'idéal allemand, les Alsaciens et les Lorrains refusent, pour leur part, de s'y associer, car ils sentent qu'accepter la « culture » que l'Allemagne leur apporte sous cette forme, ce serait pour eux reculer et se replonger dans le grand tout : or, un peuple intelligent n'abdique ni ne se suicide, et c'est pour cela qu'ils continueront à résister à leur sort.

M. de Manteuffel se verra ainsi progressivement amené, par l'inertie calculée des populations d'Alsace-Lorraine, à restreindre sa mission à la garde du « glacis de l'empire », que les fonctionnaires de M. de Bismark continueront à régir en pays conquis, en attendant que la Prusse le médiatise ou que la Providence l'affranchisse.

La seule crainte des Alsaciens et des Lorrains est que, si la situation actuelle se prolongeait outre mesure, l'empire germanique, en continuant à introduire chez eux et à y développer à sa guise ses lois militaires, ses institutions judiciaires, ses règlements administratifs et ses conceptions fiscales, ne finisse par réduire leurs belles provinces, autrefois si riches et si prospères, au triste état des deux îles de Tohu et Bohu, « èsquelles Pantagruel, Panurge et leurs compagnons ne trouvèrent que frire : Bringuenarilles, le grand géant, avait toutes les paëlles, paëllons, chauldrons, coquasses, lichefrites et marmites du païs avallé, en faulte de moulins à vent, desquels ordinairement il se paissoit ».

FIN.

ANNEXES

ANNEXES

DISCOURS DE M. DE BISMARK

SUR LES AFFAIRES D'ALSACE-LORRAINE

I

Séance du Reichstag du 2 mai 1871

PREMIÈRE DÉLIBÉRATION SUR LE PROJET DE LOI RELATIF A L'ANNEXION DE L'ALSACE-LORRAINE A L'EMPIRE GERMANIQUE.

A onze heures dix minutes le président Simson ouvre la séance.

L'ordre du jour appelle la première délibération sur le projet de loi relatif à la réunion de l'Alsace et de la Lorraine à l'empire allemand.

LE CHANCELIER, PRINCE DE BISMARK. — Je n'ai à dire que peu de mots comme introduction au projet de loi qui vous est soumis. Quant au détail, la discussion me fournira l'occasion de me prononcer; mais sur le principe fondamental de ce projet, il ne peut guère y avoir, je le crois, de divergence d'opinion : c'est la question de savoir si l'Alsace et la Lorraine doivent être incorporées à l'empire allemand.

La forme de cette annexion sera l'objet de vos délibérations et vous trouverez les gouvernements fédérés prêts à peser avec soin toutes les propositions qui pourraient être faites à ce sujet et qui s'écarteraient des nôtres.

Si nous remontons à un an ou plus exactement à dix mois en arrière, nous pourrons nous dire que l'Allemagne était d'accord dans son amour pour la paix; il n'y avait guère d'Allemand qui ne désirât la paix avec la France tant qu'elle pouvait être maintenue avec honneur. Les exceptions maladives qui peut-être ont voulu la guerre dans l'espoir que leur propre patrie succomberait, — celles-là ne sont pas dignes du nom d'Allemand, je ne les compte pas parmi les Allemands. (*Bravo*.)

Je le répète, les Allemands étaient unanimes à désirer la paix. Mais ils furent tout aussi unanimes lorsque la guerre nous fut imposée, lorsque nous fûmes forcés de prendre les armes pour notre défense, pour réclamer, si Dieu nous donnait la victoire dans cette guerre que nous étions décidés à poursuivre virilement, des garanties qui rendraient le retour d'une telle guerre plus improbable et la défense plus facile au cas où elle se renouvellerait quand même. Chacun sait que, depuis trois siècles, il n'y a guère eu parmi nos pères une génération qui n'ait été forcée de tirer l'épée contre la France et chacun se disait que, si, dans des occasions antérieures, où l'Allemagne comptait parmi les vainqueurs de la France, on avait négligé le moyen de donner à l'Allemagne une meilleure protection contre l'Ouest, c'est que nous avions remporté la victoire en commun avec des alliés dont les intérêts n'étaient pas les nôtres. Tout le monde était donc résolu, si seuls et forts uniquement de notre propre épée et de notre propre droit, nous remportions cette fois la victoire, à tout faire pour léguer à nos enfants un avenir assuré.

Les guerres avec la France ayant eu presque toujours, par suite du déchirement de l'Allemagne, une issue malheureuse pour nous, elles avaient créé une configuration géographique et militaire de frontières pleine de tentations pour la France et de menaces pour l'Allemagne.

Je ne pourrais mieux caractériser la situation dans laquelle nous nous trouvions, dans laquelle se trouvait notamment l'Allemagne du Sud, que ne l'a fait un jour devant moi un spirituel souverain de l'Allemagne du Sud au moment où l'Allemagne fut pressée par les puissances occidentales de prendre parti dans la guerre d'Orient, sans que, dans la conviction de son Gouvernement, elle eût un intérêt personnel à cette guerre. C'était — je puis vous le nommer — feu le roi Guillaume de Wurtemberg. Il me disait : « Je suis de votre avis, nous n'avons aucun intérêt à nous mêler à cette guerre, aucun intérêt allemand n'y est engagé qui vaille la peine qu'on verse du sang allemand. Mais, si cela devait nous brouiller avec les puissances occidentales, si les choses en venaient à ce point, comptez sur ma voix à la Diète jusqu'à l'époque où la guerre éclatera. Mais alors la chose prendra un autre aspect. Je suis décidé, comme tout autre, à tenir mes engagements. Mais gardez-vous bien de juger les hommes autrement qu'ils ne sont. Donnez-nous Strasbourg et nous serons unis pour toutes les éventualités ; mais, tant que Strasbourg sera une porte de sortie pour une puissance constamment armée, j'ai à craindre que mon pays ne soit envahi par des troupes étrangères avant que la Confédération allemande puisse me venir en aide. Je n'hésiterais pas un instant à manger dans votre camp le dur pain de l'exil, mais mes sujets se plaindraient à moi. Je ne saurais que faire, je ne sais si tout le monde resterait assez ferme. C'est à Strasbourg qu'est le nœud de la situation, car aussi longtemps que cette place ne sera pas allemande, elle sera toujours un obstacle pour l'Allemagne du Sud de se livrer sans réserve à l'unité allemande, à une politique nationale allemande. Tant que Strasbourg sera une porte de sortie pour une armée toujours prête de 100 à 150,000 hommes, l'Allemagne restera dans l'impossibilité de lancer à temps des forces égales sur le haut Rhin ; les Français y seront toujours avant nous. »

Je crois n'avoir rien à ajouter à cette citation, prise sur le vif. Le coin que l'angle de l'Alsace met au flanc de l'Allemagne du côté de Wissembourg a séparé l'Allemagne du Sud de l'Allemagne du Nord beaucoup plus efficacement que la ligne du Mein, et il a fallu le haut degré de résolution, d'enthousiasme national et de dévouement dont ont fait preuve nos alliés de l'Allemagne du Sud pour que, malgré ce péril imminent auquel ils étaient exposés en cas d'une campagne habilement conduite par la France, ils n'aient pas hésité un instant à voir dans le danger qui menaçait l'Allemagne du Nord un danger pour eux-mêmes et à se mettre hardiment avec nous.

Nous avons vu, pendant de longues périodes, que la France, en possession de cette position supérieure, de ce bastion que Strasbourg forme contre l'Allemagne, était toujours prête à succomber à la tentation de prévenir ses complications intérieures par une guerre faite à l'extérieur.

On sait que, le 6 août 1866, encore, j'ai vu se présenter chez moi l'ambassadeur français pour me signifier brièvement l'ultimatum d'avoir à céder Mayence à la France ou de nous attendre à une déclaration de guerre immédiate. *(Écoutez ! écoutez !)* Naturellement je n'ai pas hésité à lui répondre : « Eh bien, c'est donc la guerre ! » *(Bravo.)* Il partit pour Paris avec cette réponse ; là, on changea d'avis, et quelques jours après on me donna à entendre que ces instructions avaient été arrachées à l'empereur Napoléon pendant une maladie. *(Hilarité.)*

Les tentatives ultérieures concernant le Luxembourg et d'autres questions sont connues : je n'y reviendrai pas. Je ne crois pas non plus avoir besoin de démontrer que la France n'a pas toujours eu assez de fermeté de caractère pour résister aux tentations que la possession de l'Alsace éveillait en elle.

Les garanties contre cet état de choses ne peuvent être que de nature territoriale ; les garanties des autres puissances ne nous serviraient pas à grand'chose ; car de pareilles garanties ont été, à mon regret, parfois singulièrement affaiblies par des déclarations ultérieures. Il était permis de croire que toute l'Europe aurait senti le besoin d'empêcher les luttes fréquemment renouvelées entre deux grands peuples, au centre de la civilisation européenne, et qu'elle comprendrait que le moyen le plus simple de les empêcher serait de se mettre du côté de celui dont les intentions pacifiques sont hors de doute. Je ne puis toutefois dire que cette idée se soit présentée partout de prime abord.

On a cherché d'autres expédients ; on nous a proposé de différents côtés de nous contenter des frais de guerre et du démantèlement des forteresses françaises de l'Alsace et de la Lorraine. J'ai toujours repoussé ces propositions, parce que je regarde ce moyen comme peu pratique dans l'intérêt du maintien de la paix. L'établissement d'une servitude sur un territoire étranger est une charge pesante et incommode pour les sentiments de souveraineté et d'indépendance de celui qui en est frappé. La cession des forteresses n'est guère ressentie plus péniblement que la défense faite au vaincu par l'étranger de construire dans son propre pays. Le démantèlement de l'insignifiante forteresse de Huningue a été peut-être plus efficace pour exciter la passion française que la perte de n'importe quel territoire que la France a dû rétrocéder en 1815. — Pour ce motif, je n'ai attribué aucune valeur à ce moyen, d'autant moins que, d'après la configuration géographique du bastion avancé, comme je me suis permis de le désigner, démantelé ou non, il était, comme point de départ pour les troupes françaises, toujours aussi près de Stuttgart et de Munich que maintenant. Il s'agissait de le faire reculer. En outre, Metz est, par sa configuration topographique, une place qui nécessite très peu de travaux pour en faire une forteresse redoutable, et les ouvrages qu'on aurait détruits à grands frais auraient pu être promptement rétablis. C'est pourquoi j'ai regardé cet expédient comme insuffisant.

Il y avait encore un autre moyen (et celui-ci avait toutes les sympathies des populations de l'Alsace et de la Lorraine), c'était de constituer ces pays en un État neutre comme la Belgique et la Suisse. Il y aurait eu de cette manière une chaîne d'États neutres s'étendant de la mer du Nord jusqu'aux Alpes suisses, et qui nous aurait bien empêchés nous-mêmes d'attaquer la France par terre, parce que nous sommes habitués à respecter les traités et les neutralités et que nous aurions été séparés de la France par ces territoires neutres; mais la France n'aurait été nullement empêchée de réaliser le plan conçu pendant la dernière guerre, mais non exécuté, consistant à envoyer sur nos côtes sa flotte ayant à bord des troupes de débarquement ou à débarquer des troupes françaises dans des pays alliés et d'envahir ensuite notre territoire. La France aurait été protégée contre nous par cette ceinture d'États neutres, mais nous n'aurions pas été couverts sur mer, tant que notre flotte ne sera pas aussi forte que la flotte française.

Ce motif toutefois n'a été qu'accessoire. Le motif principal qui nous a fait repousser cette combinaison, c'est que la neutralité n'est tenable que si la population est résolue à la sauvegarder elle-même et à la défendre le cas échéant les armes à la main. C'est ainsi qu'ont agi la Belgique et la Suisse ; vis-à-vis de nous elles n'auraient pas eu besoin de le faire, mais leur neutralité a été respectée de fait par les deux belligérants ; toutes deux veulent rester des États neutres indépendants. Mais cette supposition ne pourrait être faite vis-à-vis d'un État neutre formé par l'Alsace et la Lorraine : du moins pour les premiers temps il était à craindre, au contraire, que les forts éléments français qui resteront encore longtemps dans ce pays, dont les intérêts, les sympathies et les souvenirs se rattachent à la France, ne déterminassent ce nouvel État, quel qu'en fût le souverain, à se mettre du côté de la France, si une nouvelle guerre franco-allemande venait à éclater, et la neutralité n'aurait été ainsi qu'une illusion à notre désavantage et à l'avantage de la France.

Il n'y avait donc qu'une chose à faire : soumettre purement et simplement ces pays avec leurs puissantes forteresses à la domination allemande, s'en servir à notre tour comme d'un glacis de l'Allemagne contre la France et reculer par là de quelques étapes le point de départ d'attaques françaises, si la France, redevenue forte ou soutenue par des alliés, nous jetait de nouveau le gant.

Le premier obstacle à la réalisation de cette pensée, à la satisfaction de ce besoin incontestable pour notre sécurité, venait de l'antipathie de la population contre une séparation d'avec la France. Je n'ai pas à rechercher les causes qui ont rendu possible qu'une population primitivement allemande ait pu s'attacher à ce point à un pays dont la langue lui était étrangère, et dont le Gouvernement ne s'était pas toujours montré très bienveillant envers elle.

Un de ces motifs pourrait bien se trouver dans la circonstance que toutes les qualités qui distinguent l'Allemand du Français sont précisément représentées à un si haut degré dans la population alsacienne que, sous le rapport des capacités et de l'amour de l'ordre, elle formait, je puis le dire sans exagération, une sorte d'aristocratie en France; les Alsaciens avaient plus d'aptitude pour les emplois, ils étaient plus fidèles dans le service comme soldats, comme gendarmes, comme fonctionnaires; la proportion des Alsaciens et des Lorrains au service de l'État dépassait de beaucoup celle des autres parties du pays; c'était ce million et demi d'Allemands qui étaient en état de faire valoir toutes les qualités des Allemands au sein d'un peuple qui possède d'autres qualités sauf justement celles-là; grâce à ces qualités, ils avaient une situation privilégiée qui leur faisait oublier bien des injustices.

Il est, en outre, dans le caractère allemand que chaque tribu se croit supérieure à ses voisins; derrière l'Alsacien et le Lorrain, tant qu'il était Français, il y avait Paris avec son éclat et la France avec sa grande unité; vis-à-vis de son compatriote allemand, il avait le sentiment de se dire : « Paris est à moi, » et il y trouvait une source de supériorité particulariste.

Je ne parlerai pas des autres motifs qui font que chacun s'assimile plutôt à un grand État qui lui permet de déployer toutes ses facultés, qu'à une nation divisée, fût-elle de même race, comme l'était antérieurement l'Allemagne aux yeux des Alsaciens.

Cette antipathie existe, elle est un fait, et il est de notre devoir de la vaincre à force de patience.

Selon moi, nous disposons pour y réussir de moyens nombreux. Nous autres Allemands, nous avons en général l'habitude de gouverner avec plus de bonhomie, parfois avec un peu de maladresse, mais, en fin de compte, nous sommes tout de même plus bienveillants, plus humains que les hommes d'État français : c'est là une supériorité du régime allemand qui ne tardera pas à se révéler et à séduire le cœur allemand des Alsaciens, par y devenir reconnaissable.

Nous sommes, en outre, à même d'accorder aux habitants une liberté communale et individuelle infiniment plus grande que ne l'eussent jamais pu les institutions et les traditions françaises.

En contemplant le présent mouvement insurrectionnel parisien, nous constatons là aussi ce qui existe indubitablement dans tout soulèvement d'une certaine durée, c'est que, à côté de tous les motifs insensés dont il est entaché et qui agissent sur les individus, il se trouve au fond quelque grain de bon sens : s'il n'en était pas ainsi, jamais insurrection ne pourrait atteindre au degré d'énergie auquel est arrivée en ce moment celle de Paris.

Ce grain de vérité, cette idée juste — (j'ignore le nombre des personnes qui se la sont appropriée, mais ce sont, en tout cas les plus intelligents parmi ceux qui combattent en ce moment contre leurs compatriotes), — je puis l'exprimer par un seul mot, c'est l'organisation communale des villes allemandes ; si la Commune possédait cette organisation, les meilleurs d'entre ses partisans seraient satisfaits : je n'entends pas dire que tous le seraient. Il nous faut distinguer en cette affaire.

La milice du pouvoir se compose en majeure partie de gens qui n'ont rien à perdre ; dans une ville de deux millions d'habitants, il y a un grand nombre de repris de justice, gens qui vont passer à Paris l'intervalle qui sépare pour eux deux incarcérations et qui s'y trouvent en nombre considérable ; gens toujours prêts à accourir partout où il y a désordre et pillage. Ce sont eux précisément qui ont donné à ce mouvement son caractère menaçant pour la civilisation, par lequel il s'est révélé fortuitement, avant qu'on eût examiné de plus près le but théorique vers lequel ils tendent ; j'ose espérer, dans l'intérêt de l'humanité, que ce caractère est maintenant à ranger dans la catégorie des vaincus, mais bien entendu avec possibilité de rechute.

A côté de cette écume de la population qui se trouve en abondance dans toute grande ville, la milice dont je parle comprend un certain nombre de partisans de la république internationale européenne. Sur la proportion dans laquelle les nationalités étrangères sont représentées dans ce corps, on m'a cité des chiffres dont le souvenir m'est quelque peu resté : près de huit mille Anglais se trouveraient parmi les insurgés parisiens, dans l'intention de réaliser leurs projets (je suppose que ce sont en majeure partie des fénians irlandais qu'on désigne ainsi sous le nom d'Anglais) ; il s'y trouve de même un grand nombre de Belges, de

Polonais, de garibaldiens et d'Italiens. Ce sont là gens pour lesquels la Commune et les libertés françaises sont choses assez indifférentes ; leur but est ailleurs, et il va sans dire que ce n'est pas d'eux que j'ai entendu parler quand j'ai dit qu'au fond de toute insurrection il y a un grain de bon sens. *(Hilarité.)*

De pareilles aspirations qui ont parfaitement leur raison d'être dans les grandes communes de la France, si nous tenons compte de leur passé politique, qui ne leur accorde que dans une mesure très restreinte la liberté des mouvements, et qui cependant, au dire des hommes d'État français, est arrivé à tout ce qu'il est possible d'accorder à la liberté communale, — nous les retrouvons fortement accentuées dans le caractère allemand des Alsaciens et des Lorrains, qui demande une plus grande indépendance individuelle et communale que les Français, et je suis convaincu que nous pouvons, sans préjudice pour l'ensemble de l'empire, accorder d'emblée aux Alsaciens une plus large part d'indépendance communale, de *self-government*, et que nous pourrons, soit tout de suite, soit successivement, élargir ce cercle, de façon à atteindre l'idéal suivant lequel tout individu, toute petite association doit jouir de toute la liberté compatible avec l'ordre général de l'État. — Arriver à ce but, s'en rapprocher le plus possible, tel est, selon moi, le devoir de tout gouvernement raisonnable ; et, sous l'organisation allemande qui nous régit, il est bien plus facile d'y parvenir que ce ne sera jamais possible en France, avec le caractère de ce peuple et sa constitution unitaire. C'est ce qui me fait croire que, grâce à la patience allemande, à la bienveillance allemande, nous réussirons à gagner ces populations, et cela peut-être dans un laps de temps plus court qu'on ne le pense à présent.

Toutefois, il restera toujours, dans ce pays, des éléments qui, par tout leur passé, tiennent étroitement à la France, qui sont trop vieux pour s'en arracher, ou qui, par leurs intérêts matériels, dépendent d'elle forcément, et qui ne pourront trouver parmi nous jamais ou seulement plus tard une compensation au déchirement des liens qui les rattachaient à la France.

Nous ne saurions donc nullement nous flatter de l'espoir d'arriver rapidement à notre but, ni qu'en Alsace tout puisse s'arranger aussi facilement que, par exemple, en Thuringe, relativement aux sentiments allemands; mais nous ne devons pas désespérer non plus d'arriver, encore notre vie durant, au but vers lequel nous tendons, pour peu que nous atteignions l'âge moyen de la vie humaine.

De quelle façon et sous quelle forme devra être entamée cette tâche? C'est là, Messieurs, la première question que nous avons à résoudre, bien que ce ne soit pas d'une manière définitive et qui engage l'avenir.

Je vous prierai de ne pas aborder ces délibérations avec la prétention de faire une œuvre pour l'éternité ni avec l'idée que, dès maintenant, vous puissiez régler pour ce pays une organisation telle qu'il ne sera peut-être possible de la fixer qu'après plusieurs années. Selon moi, aucune prévision humaine ne saurait avoir une telle portée. La situation est anormale, elle ne pouvait pas ne pas l'être (notre tâche tout entière l'était) ; elle ne l'est pas seulement par la manière dont nous avons pris l'Alsace, elle est anormale aussi dans la personne qui a fait cette prise.

Une Confédération composée de princes souverains et de villes libres, faisant la conquête d'un pays que, pour sa propre sûreté, elle est obligée de conserver et qui devient ainsi un bien commun à tous les participants, c'est là un fait bien rare dans l'histoire, et, si nous faisons abstraction des petites entreprises exécutées par des cantons de la Suisse (qui, d'ailleurs, n'ont jamais eu l'intention de s'assimiler, au même titre, les contrées conquises en commun, mais qui les exploitaient comme bien commun au bénéfice des conquérants), je ne pense guère que l'histoire nous offre quelque chose d'analogue.

Je serais donc porté à croire que, précisément, en raison de cette situation anormale, de cette tâche anormale, nous devons nous garder par-dessus tout d'attacher une trop grande valeur en ces choses humaines à la perspicacité de l'homme politique le plus sagace. Moi, du moins, je ne me sens pas en mesure de dire dès maintenant en toute assurance quelle sera dans trois ans la situation des affaires en Alsace et en Lorraine. Pour pouvoir apprécier cela, il faudrait avoir le don de prévoir l'avenir. Cela dépend des circonstances, qu'il n'est nullement en notre pouvoir d'amener et qui, bien au contraire, peuvent même s'imposer à nous et nous diriger dans la voie où nous devons entrer. Ce que je vous propose n'est qu'un essai de trouver le bon bout d'une voie dont nous ne pouvons prévoir la fin, puisqu'elle est subordonnée aux enseignements que nous recevrons, aux faits que nous verrons surgir.

C'est pourquoi je voudrais vous prier de suivre en attendant la voie tout empirique dans laquelle ont marché les gouvernements confédérés et de considérer les choses comme elles sont et non comme il serait peut-être désirable qu'elles fussent. Quand on n'a rien de mieux à mettre à la place d'une chose qui ne vous plaît pas absolument, ma conviction est qu'il vaut toujours mieux laisser les événements exercer leur influence, et prendre, en attendant, la chose dans la situation où elle se trouve. Or l'affaire est telle que les gouvernements alliés ont acquis ces pays par leurs efforts réunis, que la possession commune, que l'administration commune sont des faits qui s'imposent à nous et qui pourront être modifiés selon nos besoins, selon les besoins des parties intéressées en Alsace et en Lorraine. Mais je vous prie instamment d'imiter l'exemple des gouvernements alliés, et de ne pas vous mettre en peine de trouver dès maintenant l'organisation telle qu'elle pourra un jour être faite définitivement.

Si vous êtes animés plus que nous du courage de préjuger l'avenir, nous nous empresserons de vous prêter notre concours, puisque aussi bien ce n'est qu'en commun que nous pouvons faire notre besogne, et précisément la réserve avec laquelle je vous fais connaître la conviction des gouvernements alliés, et avec laquelle cette conviction est née chez eux, vous fait voir en même temps combien nous sommes bien disposés à nous laisser renseigner, si l'on nous propose quelque projet meilleur, en particulier s'il avait pour lui l'expérience, si courte qu'elle fût.

Si, de notre côté, je manifeste ces bonnes dispositions, je suis convaincu qu'elles existent également chez vous, pour trouver de cette façon en commun, grâce à la patience allemande et à l'amour allemand, en particulier envers nos nouveaux compatriotes, le véritable but auquel nous devons tendre et auquel nous finirons par arriver. — *(Vifs applaudissements.)*

II

Séance du Reichstag du 25 mai 1871.

TROISIÈME DÉLIBÉRATION SUR LE PROJET DE LOI RELATIF A L'ANNEXION DE L'ALSACE-LORRAINE A L'EMPIRE GERMANIQUE.

LE CHANCELIER IMPÉRIAL, PRINCE DE BISMARK. — Ne craignez pas, Messieurs, que je réponde à l'honorable préopinant (M. Bebel); vous pensez tous comme moi qu'il n'y a pas de réponse à faire à un pareil discours.

Si je relève ici quelques faits qui y ont été altérés, c'est pour défendre un absent et un étranger qui n'a pas voix dans cette enceinte : je veux parler du ministre ou plutôt des ministres français avec qui j'ai conclu la paix. J'affirme, et je puis compter qu'on ajoutera foi à mes paroles, que le traité que nous avons conclu ne contient pas d'articles secrets; les articles arrêtés entre nous ont été livrés à la publicité, chacun peut lire ce qui s'y trouve.

Je sens, en outre, le besoin de dire quelques mots dans la

discussion générale sur la question qui nous occupe, parce que je n'ai pas pu prendre part aux débats soulevés lors de la première et de la deuxième lecture ; je regrette surtout de n'avoir pu assister aux discussions de la commission, où j'aurais été à même de donner des explications plus intimes que je ne puis le faire à cette tribune. J'étais alors à Francfort.

J'ai été heureux de voir que la commission a su résister à la tentation de fixer actuellement le sort de l'Alsace-Lorraine, sans la coopération des habitants de ces pays, plus qu'il n'est absolument nécessaire. Aujourd'hui, une seule chose est nécessaire, c'est d'assurer aux populations de ces pays les droits politiques allemands ; toute autre démarche me semble risquée ou impolitique. Quand une situation est incertaine, mal définie, la prudence politique conseille, selon moi, de borner les pas en avant à ce qui est nécessaire, à reconnaître le terrain, je ne dirai pas à se livrer à des expériences, mais à apprendre par les intéressés eux-mêmes et par les choses que nous ne connaissons pas encore exactement, ce qu'il y a à faire.

Pour le moment nous n'avons à donner aux Alsaciens que les droits politiques allemands, la possibilité de nouer librement des relations commerciales et sociales en Allemagne, après que la liberté des communications avec la France leur aura été coupée et fermée. Il faut donc que nous décidions sous quelle forme nous leur donnerons ce droit de cité, par lequel nous leur ouvrons pour ainsi dire les portes de l'empire.

Il ne s'agit que d'examiner sérieusement la question de savoir si l'Alsace-Lorraine sera réunie tout entière à l'un des États confédérés ou à plusieurs États, ou bien si elle formera d'abord un pays immédiat de l'empire jusqu'au moment où, devenue pour ainsi dire majeure au milieu de la famille allemande, elle pourra coopérer à sa propre destinée.

Une seule question a été sérieusement posée : L'Alsace-Lorraine sera-t-elle annexée à la Prusse, ou formera-t-elle un pays immédiat ? Dès le début je me suis prononcé nettement pour la dernière alternative, d'abord afin de ne pas mêler sans nécessité des questions dynastiques aux questions politiques, et puis parce que je vois que les Alsaciens s'assimileront plus facilement le nom d'*Allemands* que le nom de *Prussiens*. *(A gauche : Très juste!)*

Pendant les deux siècles que les Alsaciens ont appartenu à la France, ils ont gardé une bonne dose de particularisme, à la bonne façon allemande, et c'est sur ce terrain qu'à mon avis nous devons commencer à bâtir nos fondements ; à l'encontre de ce qui s'est fait dans des circonstances analogues dans l'Allemagne du Nord, nous avons pour mission de fortifier tout d'abord ce particularisme.

Plus les habitants de l'Alsace se sentiront Alsaciens, plus ils se déferont de l'esprit français. Une fois qu'ils se sentiront complètement Alsaciens, ils sont trop logiques pour ne pas se sentir aussi Allemands.

Par suite des artifices, je puis bien dire des intrigues du gouvernement français, le nom de *Prussien* est détesté en France en comparaison de celui d'*Allemand* ; c'est une vieille tradition dans ce pays de ne pas reconnaître les Prussiens comme Allemands, de flatter les Allemands comme tels et de les représenter comme étant sous la protection de la France vis-à-vis de la Prusse. Et de la sorte il est advenu que le nom de *Prussien* a presque quelque chose

14.

d'injurieux en France; chaque fois qu'on y veut dire du mal de nous, on dit : « Le gouvernement prussien ou les Prussiens, » tandis qu'on dit: « Les Allemands, » s'il s'agit de reconnaître quelque chose de bon.

Il n'y a guère à douter qu'en Alsace cette politique de suspicion contre la Prusse, pratiquée par la France pendant toute une génération, n'ait laissé des traces.

En outre, comme je l'ai déjà dit, il est plus facile aux Alsaciens d'avoir conscience de leur descendance comme Allemands que d'adopter le nom de Prussiens. Ce motif à lui seul serait décisif pour moi. Quant à ce qu'il y aura plus tard à faire dans l'intérêt de l'empire et de l'Alsace, je pense qu'avant tout il faudra entendre les Alsaciens et les Lorrains eux-mêmes.

Avant de faire plus, je crois nécessaire (et il faut que je dise que, dans les débats que j'ai lus jusqu'à présent, je n'ai pas trouvé accentué d'une manière assez forte le droit d'indépendance de chaque tribu de la grande famille allemande) — d'apprendre à connaître avant tout l'opinion des Alsaciens.

Quand il s'agira d'appliquer la loi que vous discutez ici, en tant que je serai appelé à donner à ce sujet un avis à Sa Majesté et à le faire prévaloir au Conseil fédéral, la première mesure à prendre sera d'ordonner dans toute l'Alsace les élections communales qui auraient dû avoir lieu le 6 août de l'année dernière et qui n'ont pas été faites.

La seconde mesure sera de faire élire les conseils généraux d'après l'ancienne loi française, qui porte que chaque canton élit un représentant, afin que nous ayons des assemblées départementales pouvant nous donner, avec plus de connaissance de cause que les fonctionnaires, les renseignements sur les vœux et les besoins des populations.

Je n'hésite pas le moins du monde à aller même jusqu'à laisser à l'élection le choix des fonctionnaires communaux. J'apprécie parfaitement les dangers qui peuvent en résulter; mais je crains encore plus le danger d'augmenter le nombre des fonctionnaires que nous envoyons dans ce pays au delà de ce qui sera absolument nécessaire. Il est tout à fait impossible qu'un employé étranger au pays, même s'il a les connaissances voulues, mais s'il ne possède pas, en outre, la largeur de vues qui est indispensable quand il s'agit de la réorganisation d'un pays, ne froisse pas par des mesures maladroites les sentiments des populations, ne provoque pas des haines et n'agisse pas de cette manière contre les intentions du gouvernement. S'il s'est trompé, il est dans la nature humaine qu'il ne s'attribuera pas la faute et qu'il n'en cherchera pas la cause en lui-même, mais dans la population ; le fonctionnaire et la commune s'accuseront réciproquement. Je crains bien moins que les dispositions encore malveillantes pour nous conduisent les fonctionnaires communaux, s'ils sont élus par les communes, à devenir dangereux pour nous que je ne crains notre propre impuissance à pouvoir fournir partout au pays des employés convenables. *(Approbation.)*

Si cet espoir ne se réalisait pas, c'est le fait d'un gouvernement énergique et résolu de ne pas redouter les petits feux qui peuvent éclater par ci par là.

Quant au degré d'autonomie qu'il faudra accorder à ce petit pays, je n'ose pas encore émettre une opinion ; en tout cas, je conseillerai d'aller, sous ce rapport, aussi loin que le comporte la sécurité de l'empire et du pays.

La tâche qui m'incombe est toute nouvelle pour moi,

elle est lourde, difficile, chargée d'une grande responsabilité. La tâche que je m'étais donnée en me chargeant de la direction du ministère prussien des affaires étrangères de rétablir l'empire germanique, sous une forme quelconque, s'étant accomplie en un temps beaucoup plus court que je ne pouvais m'y attendre et plus complètement que je ne l'espérais alors, je me regarde jusqu'à un certain point comme dégagé de mes obligations politiques envers ma patrie. Si, malgré le déclin de ma santé et de mes forces, je ne recule pas devant la tâche actuelle, c'est que je suis guidé par un sentiment de responsabilité du sort des habitants de cette province à cause de la part que j'ai eue à leur séparation d'avec la France ; je me sens appelé à être, autant qu'il m'est donné, leur avocat dans le nouvel État auquel ils sont réunis, et je ne voudrais pas les abandonner. *(Bravo.)*

Pour cela, il faut que ces pays répondent à nos avances ; mais, avant tout, il me faut la confiance pleine et entière des autorités de l'empire, c'est-à-dire du Parlement et du Conseil fédéral, au nom desquels je dois agir, et, sous ce rapport, je me vois forcé d'anticiper sur la discussion des questions spéciales. Je ne trouve pas l'expression de cette confiance dans deux amendements ajoutés à notre projet de loi ; j'y trouve même l'expression décidée de la défiance.

L'un d'eux est relatif à l'abrégement de la durée de la dictature. En dix-huit mois, Messieurs, on peut faire bien du mal, mais fort peu de bien. *(Assentiment.)* J'ai entendu soutenir que le premier cas est arrivé dans les nouvelles provinces prussiennes, par suite surtout de la trop grande activité qu'on y a déployée ; je ne connais pas assez la situation pour juger de la justesse de ces plaintes ; mais je me permettrai de faire observer qu'aujourd'hui la tâche est toute différente. Là, il s'agissait d'assimiler des pays indépendants, vivant sous des dynasties, à un grand État, la Prusse, et de les y préparer. Mais, ici, il s'agit de développer l'indépendance qui a jusqu'à présent beaucoup souffert sous la pression de la centralisation.

Je crains fort que le délai de dix-huit mois ne soit bien trop court pour se former, non seulement un jugement sur tant de questions, mais encore pour le soumettre à votre décision et à celle du Conseil fédéral. Je suis même d'avis que le terme du 1er janvier 1874, que nous avons nous-mêmes fixé, est encore trop arbitrairement établi. Il se peut parfaitement que le besoin se fasse sentir de prolonger le régime que nous allons introduire, comme il se peut aussi, j'en conviens volontiers, qu'au bout de six mois ou d'un an, nous puissions vous dire que les choses dans ce pays sont arrivées à ce point que la Constitution de l'empire peut lui être accordée et que nous pourrons faire alors les démarches ultérieures pour l'appliquer pleinement.

Je vous prie de ne pas accueillir l'idée que le gouvernement — et par ma position officielle je puis bien avancer en quelque sorte ma propre personne — ait l'intention de vouloir porter cette lourde responsabilité plus longtemps qu'il n'est absolument nécessaire. De ma nature, je ne sens pas le besoin de gouverner, c'est-à-dire que je suis passif à un haut degré *(Hilarité)*; mais je ne sens pas le besoin de gouverner, et je laisse volontiers aux autres la liberté de leurs mouvements.

Elle n'est donc pas fondée, Messieurs, la crainte que nous gardions cette responsabilité plus longtemps qu'il ne faudra absolument pour remplir la tâche qui nous est imposée et qui ne pourra guère être accomplie en un laps de temps aussi court que le sont dix-huit mois. Il en est du personnel des fonctionnaires comme de la marine : on peut bien acheter des navires, mais, tant qu'on n'a pas de matelots, de marins exercés, ces navires ne servent à rien.

C'est ainsi que, selon moi, il s'agit, avant tout, de créer dans ce pays des fonctionnaires capables et fidèles, qui, si l'on m'écoute, seront choisis autant que possible parmi les indigènes auxquels nous pourrons nous fier et qui, d'après nos idées, nous paraîtront capables. Tout cela, ce sont choses importantes. Il se peut aussi que nous nous trompions dans le choix des fonctionnaires supérieurs, que tout ne réussisse pas à souhait, qu'on perde des semaines et des mois avant de trouver le vrai chemin; personne n'est infaillible, et même un gouvernement qui serait mieux selon les vœux du Parlement et mieux appuyé par lui que nous ne le sommes, serait exposé au même danger.

Il est donc possible que nous perdions du temps.

Si un état définitif est créé, il faut que les fonctionnaires jouissent de toutes les garanties sur lesquelles repose la confiance des fonctionnaires allemands ; il faut que les déplacements, les révocations cessent, et il faut donner aux gens les mêmes garanties pour la durée de leur existence qu'aux fonctionnaires chez nous.

Je vous prierai donc instamment de laisser là ces craintes du temps passé, dont je dirais volontiers que je ne sais pas ce qu'elles signifient. Laissez-les et ne croyez pas que le gouvernement sente le besoin de faire de sa dictature un plus long usage qu'il n'est nécessaire, et il se posera assez tôt cette question. Mais il est bien plus difficile de dire : « Nous voulons prolonger la dictature et donner par là au pays un vote de défiance de la part du Parlement, tandis qu'il est facile de dire : « Nous voulons l'abréger. »

Le second point qui m'a fait l'impression d'un vote de défiance dirigé contre moi pendant mon absence et qui, il faut bien le dire, m'a douloureusement frappé, c'est l'amendement de MM. Lasker et de Stauffenberg relativement à la question de la dette[1]. Je ne sais si vous pouvez bien vous figurer l'impression que j'ai dû ressentir quand, à mon retour des négociations de paix, où l'affranchissement de l'Alsace de sa quote-part dans la dette publique française avait été sanctionné, j'ai été accueilli ici par cette déclaration que ma personne manquait de crédit.

Je n'exagère pas ma part au rétablissement de la paix en général, — la part essentielle en revient à nos braves soldats; je n'ai eu qu'à enregistrer leurs exploits — mais, si je puis m'attribuer une part dans quelque chose, si même je puis m'en attribuer tout seul le résultat, c'est dans le fait que l'Alsace est complètement libre de dettes, et la chose n'était pas si facile à obtenir.

Il me tenait, de plus fort, à cœur de rouvrir à ce pays les sources d'argent qui lui manquent en ce moment; j'ignore si vous savez que Strasbourg est encore aujourd'hui dans le même état qu'après le bombardement; que les ruines, les décombres sont toujours là; que, faute de ressources, indispensables à l'action, faute d'initiative officielle, pas une pierre n'a encore été relevée; il était à craindre que, si cet état continuait, l'été ne passât sans que les maisons

---

1. Amendement tendant à subordonner à l'approbation du Reichstag toute loi ayant pour objet ou pour effet de grever l'Alsace-Lorraine de charges résultant d'emprunts ou engagements analogues.

fussent rebâties, les capitaux faisant défaut, et que l'hiver ne retrouvât les habitants dans la même situation qu'il y a un an.

J'ai donc tâché d'obtenir un acompte considérable sur les contributions de guerre françaises avant l'époque fixée par le traité de paix ; j'y ai réussi en me déclarant prêt à accepter une partie du premier versement en billets de la Banque de France, qui sont entièrement au pair en Alsace, en Lorraine et en France, et dont nous pouvons nous servir couramment comme moyen de paiement. Mais je ne l'ai fait qu'à la condition d'un paiement immédiat, parce que nous connaissons maintenant le cours des billets de banque et que, pour l'avenir, nous ne savons pas ce qu'il en adviendra.

En considération des besoins de nos troupes en France, mais aussi en Alsace, j'ai stipulé que le premier terme de 40 millions sera payé d'aujourd'hui en huit, soit à Mulhouse, soit à Strasbourg ou à Metz, pour les avoir à notre disposition ; que, huit jours plus tard, 40 autres millions seront payés, et jusqu'au 15 juin les 45 millions restants, en tout 125 millions, payables, en tant que nous en aurons l'emploi en France, à Reims ou en quelque autre endroit occupé par nos troupes, et en tant qu'il nous les faut pour l'Alsace, à Mulhouse ou à Strasbourg. Afin de ne pas déranger les calculs du ministre des finances relativement au versement des premiers 500 millions, je n'ai consenti à l'acceptation des billets de banque qu'à la condition qu'une somme égale de 125 millions du second terme, lequel n'était réellement exigible qu'à la fin de l'année, serait payée encore dans le courant de l'été, soixante jours après la prise de Paris. Nous avons, de cette manière, acquis l'avantage de posséder de suite les moyens de paiement pour tous les besoins auxquels nous pouvons faire face avec des billets de banque français.

Je reviens avec tout cela dans ma poche et avec l'Alsace libre de dettes (*hilarité*), croyant avoir quelque titre à la reconnaissance pour avoir agi ainsi dans l'intérêt de l'Alsace, et la première chose que j'entende, c'est la déclaration : « Nous vous envoyons ce chancelier, mais ne lui prêtez pas d'argent, car nous ne nous portons pas forts pour lui. » (*Hilarité.*) — On me représente à ce pays comme un homme qui contracte étourdiment des dettes.

Eh bien, messieurs, la chose n'est en aucune façon d'une grande importance pratique ; jamais l'idée ne me serait venue que moi, ou le Conseil fédéral, nous eussions le droit de contracter une dette pour l'Alsace sans avoir d'abord consulté les Alsaciens, qui sont les premiers intéressés, et je voudrais vous prémunir contre l'idée de prétendre tenir d'ici les Alsaciens en tutelle, quant à leurs intérêts particuliers, et de substituer en quelque sorte le Parlement à la Diète alsacienne. A mon avis, les Alsaciens y perdraient.

Toutes les autres tribus allemandes gèrent elles-mêmes leurs affaires, en temps que celles-ci ne sont pas de la compétence de l'empire ; comment les Alsaciens pourraient-ils admettre que, dans la représentation de leurs propres affaires et la gestion de leurs intérêts les plus directs, ils vissent, — dans une assemblée où ils ne seront que seize sur quatre cents, — les Poméraniens, les Wurtembergeois, les Saxons, les Hanovriens, etc., voter sur les questions qui ne concernent qu'eux-mêmes ? J'ai causé à ce sujet avec les délégués alsaciens qui ont été naguère ici, et eux aussi étaient étonnés de ce manque de confiance qu'on leur montre pour la gestion personnelle de leurs affaires. Ils m'ont dit : « Si nous avons besoin de fonder une université, de bâtir un théâtre, de construire un chemin de fer, d'achever notre réseau de chemins vicinaux, ne pourrons-nous pas contracter des dettes départementales ? » (*Mouvement.*)

Je ne sais vraiment pas à quoi conduirait la tentation pour le gouvernement de contracter des dettes inutiles pour l'Alsace. Que ferions-nous de cet argent ? Dans quel but contracter des dettes, à moins que le pays lui-même ne déclare qu'il a des besoins positifs et qu'il veut, pour y pourvoir, contracter un emprunt, — ce que chacun est libre de faire ? Je ne puis comprendre pourquoi nous placerions sous une sorte de tutelle de l'empire un pays dont les habitants sont des enfants venus à terme, des hommes faits, qui entendent parfaitement leurs affaires.

Je ne puis que vous dire, messieurs, que je regretterais au plus haut point que vous persistiez dans cet amendement ; je ferais alors au Conseil fédéral la proposition de remanier le projet de telle façon que toute coopération du chancelier de la Confédération en soit exclue.

Il répugne à mon sentiment personnel d'honneur d'entrer dans la position qui m'est réservée, sous le poids de cette déclaration de manque de crédit. On peut facilement trouver une autre combinaison. S. M. l'empereur pourrait nommer un ministre responsable pour l'Alsace et la Lorraine ; comme chancelier de la Confédération, je ne suis pas nécessairement appelé à occuper cette charge. Je n'ai pas accepté mes fonctions pour porter, dans un moment si grand et si décisif et dans ce pays, la responsabilité de la dictature, si elle ne m'est pas confiée de telle façon que je puisse dire au pays : « Je me présente investi de toute la confiance de l'empire germanique. »

Si l'on sent le besoin de prendre des précautions contre moi, comme si l'on craignait que je ne fasse quelque abus des trésors du pays — (je parle de moi, puisque, tant que je suis chancelier, rien ne peut se faire sans ma coopération ; la motion est dirigée contre ma personne, car, dans l'état actuel des choses, la majorité ne peut m'imposer sa volonté dans cette question ; sans l'assentiment de l'empereur nulle loi n'est possible) — je suis très volontiers prêt à rendre tout service que le pays peut encore tirer de moi, mais donnez-moi la possibilité d'assumer avec joie une telle mission, et délivrez-moi d'un vote que je ne puis qualifier que de vote de défiance.

III

Séance du Reichstag du 3 juin 1871

SUITE DE LA TROISIÈME DÉLIBÉRATION SUR LE PROJET DE LOI RELATIF A L'ANNEXION DE L'ALSACE-LORRAINE A L'EMPIRE GERMANIQUE.

M. LE PRINCE DE BISMARCK, CHANCELIER DE L'EMPIRE. — Je me féliciterai tout d'abord d'avoir la rare satisfaction de me rencontrer, sur quelques points, avec l'honorable préopinant (M. Duncher). Je serais heureux que cela arrivât plus souvent, et je vais tâcher d'y contribuer pour ma part.

Je ne puis accepter le reproche exprimé par lui d'avoir arbitrairement pesé sur le débat (je ne me rappelle pas bien l'expression dont il s'est servi), d'y avoir apporté une volonté absolue ou de l'entêtement. Peut-être n'ai-je pas suffisamment fait connaître les principes qui, en cette circonstance, sont le mobile de ma manière de voir et d'agir : la masse des affaires dont je suis chargé ne me permet pas toujours de préparer mes expressions comme elles devraient l'être devant cette haute Assemblée, si les circonstances étaient autres. Nous différons surtout en ce que je trouve que, dans les débats qui ont eu lieu ici, les besoins et les vœux des habitants du pays conquis ne sont pas autant mis en balance que je le désirerais.

M. le préopinant a dit que, si j'avais assisté aux débats, je me serais convaincu du contraire. Or, je ne puis pas me régler sur les débats, je ne puis me régler que sur les résolutions qui vous sont proposées. Il est possible que le préopinant et quelques autres membres de cette Assemblée aient donné corps à la pensée qui m'anime ; c'est ce que nous feront savoir les notes des sténographes ; mais, dans les résolutions formulées, je découvre la tendance de vouloir tenir l'Alsace-Lorraine, longtemps encore, sous la tutelle du pouvoir législatif de l'empire.

A mon sens, le malentendu entre nous provient de ce que nous ne distinguons pas de quelle sorte de législation il s'agit : s'agit-il de la législation de l'empire, ou de celle qui doit être instituée en Alsace ? Vous voulez que le Parlement allemand s'immisce dans la législation de l'Alsace-Lorraine plus que je ne le crois convenable. On peut être en désaccord quant à la mesure de cette suprématie ; mais la différence essentielle est celle-ci : je vais plus loin que vous dans le degré de participation que je voudrais voir donner aux Alsaciens à la législation générale de l'empire.

Cette participation, on pourrait l'accorder dès aujourd'hui, selon moi ; et je crois, en tout cas, que si le Reichstag approuve cette mesure, on pourrait appeler les Alsaciens à siéger ici avant 1874, ou même avant 1873. Je ne vois pas que les droits des autres membres de l'empire s'en trouveraient lésés ; et ce serait pour messieurs les Alsaciens un cours d'initiation au droit public allemand qu'ils viendraient faire ici. (*Hilarité*.)

Je désire également parvenir plus vite encore à décider les gouvernements à admettre des Alsaciens au Conseil fédéral avec voix consultative; nous en avons absolument besoin, si nous voulons nous occuper sérieusement des affaires de l'Alsace. La tendance de vos résolutions est, selon moi, de réserver au Parlement la législation en Alsace dans une plus large mesure et pour un temps indéterminé, et de faire intervenir, si c'est possible encore avant cette époque, le Parlement dans le règlement des affaires alsaciennes.

Ce qui me détermine à défendre ce que vous appelez la dictature et la durée de la période pendant laquelle elle sera exercée, c'est uniquement le besoin pressant de représenter les intérêts de l'Alsace et la participation de ses habitants aux discussions du Parlement sur les intérêts de ce pays. Je n'attends rien de bon d'une organisation durable qui chargerait le Parlement des détails de la législation alsacienne et je considérerais plutôt comme une grande injustice et une lésion des droits des Alsaciens que, tandis que tous les autres groupes allemands traitent eux-mêmes leurs propres affaires, eux seuls fussent exclus de ce droit et tenus sous la tutelle de députés qu'ils n'ont pas élus; ce serait là, dans le traitement des différents groupes de la nation, une différence qui blesserait justement là où le point d'honneur est très vif.

C'est peut-être une présomption, mais c'est mon avis et je voudrais bien me laisser réfuter par le succès, mais je crois que provisoirement nous, gouvernement, nous traiterons cet enfant, le plus jeune de la famille allemande, avec plus de soin et de ménagement que la majorité du Parlement. (*Hilarité.*) On pourra bien voir, soit après 1873, soit après 1874, si cette appréhension est fondée. — C'est la crainte que la cristallisation des sympathies allemandes, qui commence à peine, ne soit troublée qui me pousse à vouloir tenir fermement en main, le plus longtemps possible, les affaires alsaciennes. Si vous traitez les parties nouvellement acquises avec une sollicitude et des ménagements, je ne dirai pas plus maternels, mais plus paternels que nous (*hilarité*), je m'en réjouirais quand on me relèvera de ma charge ; mais, en attendant, je crains que cela ne se réalise pas, et je voudrais, à cause de cela, uniquement dans l'intérêt de ces pays, persister dans le vœu que vous mainteniez le terme plus long de 1874 ; cela vous sera d'autant plus facile si nous parvenons à avoir déjà avant cette époque, au milieu de nous, des députés alsaciens qui pourront tout de suite exprimer ici tous leurs griefs contre la prétendue dictature, et qui seront en mesure de faire entendre toutes leurs plaintes par la plus grande cloche de l'Allemagne. (*Hilarité.*)

Tout ce qu'on redoute de la dictature et tout ce que le dernier orateur en a dit de mal ne touche en définitive pas la question de temps, mais uniquement celle de savoir s'il convient de l'établir. Au cas où toutes les appréhensions sont fondées, vous ne devez admettre la dictature en aucune façon ; vous devez alors dès aujourd'hui vous charger de toutes choses et ne pas laisser entre nos mains, même pendant vingt-quatre heures, le dangereux instrument de la législation. (*Très bien !*) Car quelle foule de lois ne peut-on pas mettre au monde en vingt-quatre heures ? En une minute de législation souveraine, on peut faire tout juste autant de mal qu'en quatre ans ; mais, comme je l'ai déjà dit dernièrement, on ne peut pas faire beaucoup de bien en si peu de temps. (*C'est vrai !*) Je vous prie donc de considérer la question sous le point de vue de savoir si vous ne feriez pas du tort aux Alsaciens en introduisant trop tôt le régime parlementaire.

Je suis d'avis que, quand même il y aurait ici des députés alsaciens, le pouvoir législatif devrait encore rester un ou deux ans entre les mains de l'empereur et du Conseil fédéral, puisque, dans les changements projetés, un réseau si artistique de combinaisons est nécessaire que le rejet d'un seul article dans une discussion parlementaire remettrait l'ensemble en question.

La multiplicité des intérêts qui seront touchés se montre, par exemple, en ce moment à l'occasion de l'examen de l'organisation judiciaire, dans laquelle nous avons l'intention, par des motifs qui, je le crois, auraient votre approbation s'il n'était pas trop long de les exposer ici, d'établir, au lieu d'un grand nombre de petits tribunaux, quelques cours plus importantes qui offriraient d'autres garanties à divers égards, ce qui modifiera essentiellement toutes les habitudes et les institutions de la justice française.

Les avoués français, les notaires, les greffiers, les huissiers possèdent des charges vénales, à peu près comme chez nous les concessions des pharmaciens peuvent être achetées après examen de capacité des concurrents. Les intérêts de ces personnes sont lésés par le seul fait du transfert d'un des tribunaux du lieu où elles résident ; il faudra racheter ces charges, parce qu'on ne peut pas enlever aux titulaires leur propriété légitimement acquise sans leur accorder une indemnité. Cela touche à un autre point, sur lequel nous étions en désaccord : la question de la dette. Il faudra pour cela des fonds que les départements ne seront peut-être pas disposés à voter.

15.

Ce seul coup d'œil jeté sur le sujet montre combien d'intérêts de famille, de classes et d'individus sont atteints par une seule mesure. Tout cela peut être calculé et combiné en conseil comme une opération stratégique qui s'exécute en même temps sur tous les points. Mais, si un seul point est changé par suite d'un vote parlementaire, tout cloche, et ce serait, en effet, un travail extraordinairement difficile et qui nous prendrait toute une année si nous voulions élaborer en commun avec vous ces lois d'organisation et de transformation. Votre propre intérêt vous commande donc de laisser un peu plus longtemps libre jeu au gouvernement; ce ne serait pas par esprit de vengeance, mais avec regret que nous vous appellerions à de longues et fréquentes sessions (*hilarité*), si nous étions forcés de discuter parlementairement tous ces détails qui vont être à régler, si vous ne nous laissiez pas le temps de les régler avec réflexion et nous contraigniez à les élaborer avec une hâte dont souffriraient les intérêts du pays.

L'honorable préopinant m'a reproché — et je me flatte de l'avoir maintenant convaincu que ce n'était pas par pure opiniâtreté que j'ai mis ma personne en avant — d'avoir cherché à emporter le vote en posant la question de cabinet. Il n'en est pas tout à fait ainsi; je n'ai pas dit que, si vous votiez de telle ou telle manière, je ne voudrais plus être chancelier de l'Empire; — avant de prendre une pareille résolution, j'aurais encore à prendre en considération bien d'autres devoirs que ceux que j'ai envers l'Alsace-Lorraine! — j'ai dit seulement que, si la tâche, la mission qu'on peut donner ici à quelqu'un, — on pourrait bien avoir un ministre responsable pour l'Alsace, — devait être organisée de cette façon, je désirerais en être dispensé. Il est bien permis de poser des conditions avant de se charger d'une fonction, sans qu'on dise qu'on cherche ainsi à exercer une pression injuste sur les résolutions des intéressés. Je prie instamment ces messieurs de ne pas se hâter d'induire de mes discours improvisés (surtout quand, après une absence, j'ai à m'expliquer sur une question de géographie ou une question de fait), la conclusion que je sois profondément indisposé contre la Chambre (*applaudissements*), et de tenir compte de l'irritabilité de mes nerfs, sans laquelle, d'un autre côté, je ne serais pas en état de rendre des services à vous et au pays. (*Vifs applaudissements.*) L'honorable préopinant ne me contestera pas le droit d'être un peu fatigué.

M. Lasker déclare voir dans l'empressement que montre le chancelier de l'empire à admettre les Alsaciens au Parlement la preuve qu'il a renoncé à son opposition contre l'introduction immédiate de la Constitution de l'empire. Du reste, la dictature reste dictature même si le Parlement y coopère; il s'agirait seulement d'apprendre, par les Alsaciens-Lorrains eux-mêmes, de quelle manière ils veulent être admis dans l'empire, et, pour cela le délai jusqu'au 1ᵉʳ janvier 1873 est suffisant. Le Parlement est animé de la même bonne volonté que les gouvernements envers l'Alsace-Lorraine.

Le chancelier de l'empire, prince de Bismarck. — En réponse à la dernière observation du préopinant, je déclare que je ne doute pas de la bonne volonté du Parlement de sauvegarder aussi chaudement et avec autant de ménagement que les gouvernements confédérés les intérêts de l'Alsace; mais je ne crois pas qu'il soit possible à une assemblée de près de quatre cents membres, qui diffèrent d'opinions et dont les intérêts politiques sont très divergents, de le faire aussi bien.

Je veux encore rectifier un autre malentendu que les

premières paroles du préopinant m'ont fait constater : je ne crois pas que la participation de députés alsaciens aux travaux du Parlement entraîne forcément l'introduction de la Constitution de l'empire en Alsace-Lorraine. (*Très juste.*) J'ai parlé expressément d'un apprentissage à faire, de la nécessité de se familiariser avec les us et coutumes de l'Allemagne, de sentir le sol s'affermir et de la possibilité de créer une instance de griefs contre le gouvernement. Il a été même prévu qu'une loi pourrait ordonner l'introduction de certaines parties de la Constitution en Alsace, quand cela paraîtra opportun; on pourrait parfaitement considérer comme tels le droit électoral et la participation aux discussions du Parlement, sans que, pour cela, la législation en Alsace fût liée aux formes parlementaires que l'introduction de la Constitution de l'empire entraînerait à sa suite; cette législation resterait au libre arbitre de S. M. l'empereur et du Conseil fédéral, bien que des députés alsaciens siégeassent dans cette enceinte.

Le rapporteur résume les débats, et l'article 2 est adopté dans la rédaction proposée par la Commission.

IV

Séance du Reichstag du 16 mai 1873

DISCUSSION DE L'EXPOSÉ PRÉSENTÉ PAR LE GOUVERNEMENT SUR LA LÉGISLATION ET L'ADMINISTRATION EN ALSACE-LORRAINE PENDANT L'ANNÉE 1872-73.

LE CHANCELIER DE L'EMPIRE, PRINCE DE BISMARCK. — A propos de la dictature et de ses terreurs, le préopinant (M. Windthorst) a évoqué quelques fantômes, qu'il congédiera volontiers de nouveau, je crois, comme il les a évoqués, s'il se rend de la situation légale un compte aussi exact que les gouvernements fédérés.

La question est complètement réglée par la loi. A moins que le Reichstag n'en décide autrement dans l'intervalle, le 1er janvier prochain la dictature prendra fin, et les gouvernements alliés ont la tâche de présenter au Reichstag un projet déjà élaboré et soumis actuellement au préavis du président supérieur, projet d'après lequel vous déciderez alors vous-mêmes ce qui doit remplacer le régime actuel, et de quelle manière le Reichstag exercera prochainement ses attributions, soit, en même temps, comme Diète alsacienne, soit comme Reichstag.

Quant à moi, j'ai espoir dans ce changement, en ce sens que je me promets, il faut l'espérer, une amélioration essentielle des rapports réciproques, une solution importante de maints malentendus sur les choses allemandes, du fait que nos compatriotes alsaciens siégeront ici avec nous, et cela dès le commencement de l'année prochaine. Je m'en promets aussi un contre-poids important contre l'action des éléments et des partis qui ne désirent pas que le pays soit complètement apaisé. (*Ecoutez !*)

Le discours de M. le préopinant, dans toute sa tendance, n'était certes pas calculé pour troubler la paix publique; il n'était pas calculé pour inspirer aux Alsaciens de la méfiance à l'égard de l'Allemagne; je crois que M. le préopinant n'a pas eu du tout ces intentions. (*Hilarité.*) Néanmoins, je crains que les personnes qui n'ont pas l'honneur de le connaître personnellement ne soient, sur ce point, édifiées moins que moi (*hiralité*) et que les matériaux fournis par lui ne puissent peut-être servir à dénaturer les choses; je crois que les lois existantes, que M. le préopinant nomme ordonnances, qu'une loi promulguée par S. M. l'empereur dans la forme approuvée par le Reichstag, et de l'assentiment du Conseil fédéral, et qui contient l'article 10, que l'orateur vous a lu, — que, présenter cette loi comme une chose horrible, ce n'est pas, en somme, inviter les Alsaciens à admirer avec confiance notre législation. Je reviendrai probablement sur ce point.

M. le préopinant a représenté les expulsions qui ont eu lieu comme un acte tout à fait monstrueux de violence de la part des autorités d'Alsace, dont je suis naturellement responsable. Je ne saurais faire autre chose que d'appliquer les lois existantes de la façon que m'impose avant tout ma responsabilité pour la sécurité de ce pays.

Je croirais, presque que M. le préopinant ne connaissait pas l'article 10 en question jusqu'au moment où il a ouvert la discussion présente. C'est dans ce cas sa faute s'il n'a pas lu une loi publiée depuis dix-huit mois dans la feuille officielle d'Alsace-Lorraine, et sur laquelle il se prépare à parler. J'ai eu l'impression qu'il n'a lu ce *novum repertum* que peu avant la séance (*M. Windthorst : Oh ! non.*) — Vous dites : non ! soit, je dois le croire. J'aurais attendu alors que le début de tout le discours fût dirigé plutôt contre le Conseil fédéral et S. M. l'empereur, qui ont émis une pareille loi, que contre les autorités qui n'ont fait que l'appliquer, et qui seraient elles-mêmes responsables, sinon punissables, si elles n'avaient pas mis la loi à exécution. Je n'entends pas rejeter, par là, la responsabilité sur les autorités ; je prends sur moi, d'une façon absolue, la responsabilité de ce qui s'est passé. Nous sommes responsables de ce qu'avant tout la sécurité du pays soit sauvegardée ; et, quand M. le préopinant, à côté des fantômes de dictature évoqués par lui, nous blâme et nous attaque en réalité pour avoir fait usage des moyens légaux pour le maintien de cette sécurité, cette plainte me paraît aussi naïve que si, dans une bataille, l'ennemi s'avisait de dire : « Tirer, c'est contre les règles du jeu ! » (*Hilarité.*) On n'en continuera pas moins.

La tâche assumée par nous, en Alsace, par suite du traité de paix est, en elle-même, extraordinairement difficile ; nous ne saurions nous dissimuler que la condition d'une vie constitutionnelle, le concours volontaire et légal du peuple, pour autant qu'il y est appelé, n'existe dans le pays nouvellement acquis que dans une mesure qu'on peut s'exagérer en plus ou en moins, mais qui, en tout cas, n'a rien qui ressemble à un dévouement plein et entier à l'intérêt général, tel que nous le supposons, par exemple, sans hésitation chez M. le préopinant. (*Hilarité*.)

Nous avons forcément à combattre en Alsace maintes sympathies pour un passé deux fois séculaire qui a donné aux habitants maintes gloires, maints avantages; nous avons à surmonter péniblement les sympathies vraiment françaises du pays, et, avant tout, à faire en sorte qu'elles ne compromettent pas la sécurité matérielle de l'Allemagne.

Car ce n'est point par manie de posséder des territoires et des hommes, ni par le désir légitime de redresser un ancien grief, qui date de deux cents ans, mais dans la dure nécessité de nous attendre à de nouvelles attaques d'un voisin belliqueux, que nous avons étendu nos demandes de cession de territoire et de forteresses aussi loin que cela a eu lieu, afin que nous ayons un boulevard derrière lequel nous puissions attendre des attaques ultérieures semblables à celles que chaque génération a subies en Allemagne depuis trois siècles.

Je crois que, parmi nous, il n'est personne dont les ancêtres n'aient pas eu, dans chaque génération, depuis trois cents ans, à combattre la France, s'ils étaient soldats.

C'est donc seul le souci de notre sécurité qui nous a guidés, souci d'autant plus légitime qu'en général, dans ses agressions, la France a trouvé en Allemagne, vu son ancienne division, des alliés qui l'ont rendue plus forte et qui ont entravé la défense.

Notre tâche est rendue, en outre, essentiellement plus difficile par l'influence des éléments qui, dans d'autres domaines de l'empire, — où la tâche du gouvernement est moins lourde et moins dangereuse, où les conséquences peuvent être moins fatales, — nous ont cependant empêchés de jouir pleinement de la paix intérieure, en provoquant parmi nous les scissions confessionnelles et autres. Ce ne serait pour vous rien de nouveau si je vous décrivais les armes et les moyens à l'aide desquels ces éléments entravent l'action, sur les sujets catholiques, d'un gouvernement qui n'est pas selon leur cœur, qui n'est pas catholique, et nous rendent difficile de gagner les sympathies des sujets catholiques éloignés de nous par l'histoire de leur pays. La grande et admirable unité qui domine les évolutions de ces éléments nous autorise à admettre que, dans des circonstances analogues, leur activité est analogue aussi. Je ne crois donc pas m'écarter du sujet, en vous communiquant un fragment d'un rapport diplomatique sur l'attitude de ces mêmes éléments à l'égard des difficultés qui ont surgi entre le gouvernement britannique et ses sujets irlandais. J'évite très volontiers les personnalités ; chacun pourra conclure par analogie et se figurer ce que ces mêmes troupes, dirigées par les mêmes chefs connus et inconnus, pourraient peut-être faire en Alsace dans des circonstances analogues. J'avertis d'avance que je ne comprends pas dans cette catégorie le discours de M. le préopinant ; on sait que les personnes présentes sont toujours exceptées dans les allusions (*hilarité*), et je proteste contre la pensée qu'en dépeignant les éléments à l'œuvre en Irlande, je songe aux partis présents dans cette enceinte.

Voici ce que dit le rapport en question :

Bien que la presse ultramontaine n'aille pas tout à fait aussi loin que les feuilles radicales et ne prêche pas directement la révolte ouverte, son attitude n'en est que plus nuisible, à un autre point de vue, au bien du pays. Les chefs ultramontains n'ignorent pas qu'une levée ouverte de boucliers n'aboutirait, dans le moment actuel, qu'à la défaite totale des insurgés, défaite qui amènerait une réaction et des entraves pour le parti ultramontain, s'il avait participé à l'insurrection. Mais la réconciliation des partis, la pacification du peuple, la solution à l'amiable de la question irlandaise leur conviennent encore moins que la révolte ouverte. Les organes des ultramontains, tout en se tenant le plus possible dans les limites de la légalité, soufflent sans relâche la discorde dans le peuple, excitent à l'animosité contre la fraction protestante de la population... »

C'est malheureusement aussi le cas en Alsace, et plus encore dans la Lorraine allemande, de voir exciter les passions contre les concitoyens protestants.

... cherchent à miner le respect des lois et de l'autorité...

M. le préopinant a miné ce respect, évidemment sans le vouloir ; mais, dans sa conviction, la loi est mauvaise, et, dans son discours, il n'a certainement pas eu d'autre but que l'expression de cette conviction. (*Hilarité.*)

... et, tout en exhortant en apparence au calme, ainsi qu'au support chrétien des injures, en prenant la mine de martyrs, ils attisent et encouragent le mécontentement et la discorde dans le peuple, cherchent à maintenir ouvertes les plaies anciennes, à exciter à la haine et au mépris du gouvernement, en dénaturant et exagérant les faits. Tandis que de cette manière le pauvre peuple est maintenu dans un état d'excitation, sans égard au bien du peuple, ils n'ont en vue qu'un but, la toute-puissance de Rome (*Hilarité*); ils cherchent à se rendre indispensables au gouvernement... »

Ce n'est pas le cas chez nous (*hilarité prolongée*), mais, dans les phases antérieures des négociations, on s'est servi non sans succès de ce moyen pour arracher des concessions au gouvernement.

... et à vendre leur influence aussi cher que possible au gouvernement, sans lui accorder des avantages solides en retour de ces concessions à l'Église. Actuellement, les organes ultramontains cherchent à ébranler la confiance du peuple dans l'impartialité des juges et secondent de toutes leurs forces la nouvelle agitation pour *l'home rule*.

On sait que cette agitation a pour but la séparation de l'Irlande. Je suis très éloigné d'attaques personnelles contre qui que ce soit. Mais vous pouvez bien penser, messieurs, que des moyens semblables sont probablement mis en œuvre par les mêmes forces et dans des circonstances semblables, là où une direction unitaire est assurée dans une mesure qui excite l'admiration de l'univers.

Or, quand on a à combattre des forces aussi puissantes, aussi efficaces, aussi habiles, dans une situation, difficile en soi, où il s'agit de concilier de vieux torts de l'histoire, de vieilles rigueurs de guerres séculaires entre deux nations voisines, là où la tâche est si difficile que, si les exigences militaires n'eussent pas été aussi absolument pressantes, je me serais opposé pour des motifs politiques à l'acquisition de ces provinces, — quand nous sommes dans une situation aussi difficile, on ne doit pas juger trop sévèrement ceux qui sont engagés dans la lutte, même si, parmi les moyens de défense choisis par la dictature, il s'était glissé quelque erreur, quelque interprétation divergente des droits existants.

Si les griefs allégués par M. le préopinant, au sujet d'illégalités, sont fondés, ils ne sauraient s'adresser qu'au législateur; ils peuvent seulement partir de l'hypothèse que le législateur, c'est-à-dire S. M. l'empereur et le Conseil fédéral, aurait élaboré une loi incompatible avec la législation de l'empire. Je ne m'estime pas compétent pour examiner et discuter cette question de droit.

Si le Reichstag adoptait, dans une résolution par exemple, l'opinion de M. le préopinant, je soumettrais volontiers à la discussion publique tout ce qui a provoqué cette législation, tous les arguments en vertu desquels le pouvoir législatif a cru avoir le droit de faire ce qu'il a fait. Mais il faudrait auparavant que le Reichstag décidât d'employer son temps à cet examen juridique des sources de la loi. Le pouvoir exécutif — on ne saurait en douter après ce que M. le préopinant lui-même vous a lu — a à se conformer à la lettre des lois en vigueur et on ne peut lui demander autre chose.

M. le préopinant a trouvé un manque de bienveillance pour les Alsaciens, chez le gouvernement impérial, dans le fait que celui-ci a écarté les Frères enseignants plus que ne le comporte le maintien de la pleine activité des écoles; à ceci je ne peux que répondre que les autorités n'ont agi que dans la conviction que l'activité des Frères enseignants est encore plus nuisible au pays et à la population qu'un manque momentané d'instituteurs, et qu'un enseignement nuisible à l'esprit de la population, empoisonnant les sentiments allemands en Alsace, serait pire que l'absence d'enseignement.

Les autorités ne peuvent agir que suivant leurs convictions. Si ces convictions sont erronées, les autorités se sont trompées dans le désir sincère de résoudre le grand problème qui leur est posé, en compromettant le moins possible les sympathies, mais en sauvegardant avant tout les intérêts de l'empire.

L'expérience montre qu'une pareille chose ne s'exécute pas sans plaintes et regrets. Les Français eux-mêmes disent : « Pour faire une omelette, il faut casser des œufs. » Nous disons moins énergiquement : « On ne taille pas du bois sans faire des copeaux, » et de divers côtés on ramasse naturellement ces copeaux, pour s'en mettre dans la cervelle [1]. (*Hilarité.*)

Quant à m'engager dans un débat ne pouvant mener qu'à discuter en dernière instance des questions de théorie, je ne m'y crois pas autorisé, vu le peu de temps que peut y consacrer le Reichstag et à moins que celui-ci ne prenne sur ce point une décision formelle.

Nous sommes résolus à faire aussi peu de mal que possible aux Alsaciens, mais je ne me dissimule pas qu'à bien des égards ce peu sera toujours assez grand ; car arracher une population à un long passé, comme c'est le cas pour l'Alsace dans ses rapports avec la France, l'habituer à un nouveau régime étranger, a toujours de pareilles conséquences.

Doutez de notre habileté, — car nous, fonctionnaires de l'Allemagne du Nord et surtout Prussiens, nous ne sommes pas célèbres pour notre façon habile de gagner des amis et de faire des choses désagréables d'une façon aimable, — doutez donc de notre habileté, mais ne doutez pas de notre dévouement, de notre bonne volonté, de notre courage, de notre ferme résolution de montrer un front inébranlable à tous les ennemis de l'empire. (*Bravos.*)

---

1. Jeu de mots intraduisible. *Einen Span haben*, littéralement : « Avoir un copeau, » correspond à l'expression triviale : « Avoir une araignée dans le plafond. »

V

Séance du Reichstag du 18 février 1874.

DISCUSSION DE LA MOTION DES DÉPUTÉS D'ALSACE-LORRAINE RELATIVE A L'ANNEXION DE CETTE PROVINCE A L'EMPIRE GERMANIQUE.

Cette motion est ainsi conçue :

« Plaise au Reichstag décider que les populations d'Alsace et de Lorraine qui, sans avoir été consultées, ont été annexées à l'empire germanique par le traité de Francfort soient appelées à se prononcer spécialement sur cette annexion.

« Berlin, le 16 février 1874.

Ont signé : Teutsch (député de l'arrondissement de Saverne), Raess (Schlestadt), Dupont des Loges (Metz), Lauth (Strasbourg-ville), Haeffely (Mulhouse), Abel (Thionville), Philippi (Molsheim-Erstein), Germain (Sarrebourg), Winterer (Altkirch-Thann), Hartmann (Haguenau-Wissembourg), Simonis (Ribeauvillé), Soehnlin (Colmar), Guerber (Guebwiller), Pougnet (Sarreguemines), Baron de Schauenburg (Strasbourg-campagne). »

M. DE FORCKENBECK, PRÉSIDENT. — Avant de mettre cette motion en délibération, j'ai à lire la proposition que voici, qui vient de m'être remise et qui est appuyée par quinze députés. Je prie M. le secrétaire de donner lecture de cette proposition.

M. LE BARON DE MINNIGERODE, SECRÉTAIRE. — Proposition de M. Teutsch et ses collègues :

« Plaise au Reichstag décider que les députés de l'Alsace-Lorraine à qui la langue allemande est étrangère et inconnue auront l'autorisation de parler aujourd'hui en français. » *(Vive opposition.)*

LE PRÉSIDENT. — Aux termes de l'article 21 du règlement, la discussion d'une semblable proposition ne peut avoir lieu dans la séance où elle est déposée, et alors qu'elle n'est pas même imprimée, que si aucun membre de la Chambre ne s'y oppose. — M. Braun a la parole.

M. BRAUN. — Je m'y oppose !

M. TEUTSCH. — Messieurs, cette proposition...

LE PRÉSIDENT. — Vous n'avez pas encore la parole, je dois d'abord régler la marche des débats.

M. Braun ayant fait opposition à cette proposition, celle-ci ne sera pas discutée dans la présente séance, et la délibération d'aujourd'hui aura donc lieu en conformité du règlement, qui, interprété sainement et d'après la nature des choses, ne permet de parler qu'allemand au sein du Reichstag allemand *(bravo !)* et qui laisse aux députés qui ignorent l'allemand la faculté de lire à la tribune des discours écrits, traduits dans cette langue. *(Très juste.)* Je maintiendrai, quoi qu'il arrive, cette disposition du règlement. *(Bravo !)*

M. TEUTSCH. — Messieurs, la proposition...

LE PRÉSIDENT. — Vous n'avez pas encore la parole.

M. Teutsch. — Excusez-moi, je ne connais pas encore les usages.

Le Président. — Nous passons donc actuellement au troisième point de l'ordre du jour, qui est la délibération sur la proposition des députés Teutsch et consorts, et je donne la parole à l'auteur de la proposition, le député Teutsch, pour la motiver.

M. Teutsch. — C'est dans l'intérêt de mes collègues lorrains qui ne parlent ni ne comprennent l'allemand que j'avais déposé la proposition dont il vient d'être question. Ils ont pensé, et nous tous, députés de l'Alsace-Lorraine, nous avons cru comme eux que l'Allemagne, s'étant pour la première fois annexé une population française, ne parlant pas l'allemand (*oh ! oh !*), le Reichstag accorderait au moins aujourd'hui et par exception... (*Le Président sonne*).

Le Président. — Je me permets d'interrompre l'orateur. La proposition qui a été déposée en dernier lieu ne doit pas être discutée aujourd'hui ; je suis obligé, comme je l'ai déclaré, de faire respecter le règlement. Je prie donc l'orateur de ne s'occuper que de la question en discussion.

M. Teutsch. — Il s'agit, messieurs, de la proposition déposée le 16 de ce mois par quinze députés d'Alsace-Lorraine. Je vais avoir l'honneur de motiver cette proposition. — L'allemand n'étant pas ma langue maternelle... (*Oh ! oh ! Explosion d'hilarité, cri : Mais vous le parlez.*) Je lis, je parle et j'écris l'allemand, mais je suis incapable d'improviser dans cette langue. (*Agitation.*) Je réclame donc, messieurs, quelque indulgence... (*Le baron Nordeck de Rabenau : L'ordre du jour ! — Le Président : L'orateur a la parole.*) Je demande quelque indulgence pour la forme de mon discours. (*Oh ! oh ! Éclats de rire. Cri : Mais c'est en allemand qu'il dit cela !)* Je lis l'allemand, je l'écris, mais toujours avec difficulté. C'est une traduction que je vous lis.

Les populations d'Alsace-Lorraine, dont nous sommes les représentants au Reichstag *(interruptions)*... Un peu de patience, je vous en prie, ce ne sera pas long... *(grande hilarité)* nous ont confié une mission spéciale des plus graves, que nous avons à cœur de remplir sans retard. Ils nous ont chargés de vous exprimer leurs pensées sur le changement de nationalité qui leur a été violemment imposé à la suite de votre guerre contre la France. L'Allemagne a intérêt à entendre l'exposé que nous voulons lui faire, et nous osons compter que vous nous accorderez quelques instants d'attention.

La dernière guerre, terminée à l'avantage de votre nation, donnait incontestablement à celle-ci des droits à une réparation. Mais l'Allemagne a excédé le droit d'une nation civilisée... *(Oh ! oh ! Murmures. Le baron Nordeck de Rabenau : Pas d'insultes ! — Coups de sonnette du Président).* Messieurs, un peu de patience, je ne vous fatiguerai pas longtemps... Mais l'Allemagne a excédé le droit d'une nation civilisée... *(Bruyants murmures. Cris : Pas d'insultes !)* car à la France vaincue...

Le Président. — Je me permets d'interrompre l'orateur. Sachant que le droit de la nation allemande est indiscutable, car il s'appuie sur des traités, et que l'empire allemand est assez fort pour faire respecter ce droit, je m'étais proposé de laisser parler M. le député en toute liberté. Mais, comme il vient d'offenser à l'instant, du haut de la tribune du parlement allemand, la nation allemande, en lui déniant le droit et la manière d'agir d'une nation civilisée, je suis, malgré moi, forcé de rappeler à l'ordre à ce sujet M. le député Teutsch. *(Tonnerre d'applaudissements.)*

M. Teutsch. — Permettez-moi une explication : je n'ai eu aucune intention d'offense. (*Éclats de rire.*) Je ne fais qu'invoquer mon droit, et, comme je vous l'ai dit, ne connaissant pas assez l'allemand pour peser exactement tous les mots que j'emploie, je réclame quelque indulgence; il n'est pas du tout dans mon intention d'offenser; je dois naturellement m'appuyer sur des faits qui ne vous sont pas agréables à entendre, mais je ne veux blesser personne. Je ferai même appel, dans mon discours, je le dis à l'avance, à la fraternité entre peuples; mais je ne veux intentionnellement offenser personne. vous moins que qui que ce soit. (*Grande hilarité.*)

Le Président. — J'invite la Chambre au silence. Voyons si l'orateur tiendra sa promesse.

M. Teutsch. — Donc l'Allemagne a dépassé les limites du droit en contraignant la France vaincue au douloureux sacrifice de voir un million et demi de ses enfants lui être arrachés. Au nom des Alsaciens-Lorrains victimes du traité de Francfort, nous sommes venus pour protester contre l'abus de la force commis envers notre pays.

Si, dans des temps éloignés et relativement barbares (vous m'obligez à changer mes expressions), le droit de conquête a pu quelquefois se transformer en droit effectif, si aujourd'hui encore il réussit à se faire absorber lorsqu'il s'exerce sur des peuples ignorants et sauvages, rien de pareil ne peut être invoqué quand il s'agit de l'Alsace-Lorraine. C'est à la fin d'un siècle réputé à bon droit comme ère de lumières et de progrès que l'Allemagne veut nous conquérir et nous réduire en esclavage (*éclats de rire*), car n'y a-t-il pas moralement esclavage quand une population est livrée contre sa volonté à l'étranger? Et pourtant cette population ne le cède à aucune autre en Europe sous le rapport de l'instruction et des bonnes mœurs, et chez aucune autre peut-être ne s'est manifesté aussi vivement le sentiment du droit et de l'honneur blessés. (Oh! oh!)... Merci, messieurs, vos interruptions m'honorent. (Cri : Il n'y a pas de quoi!)

Arguerez-vous de la régularité du traité qui consacre la cession, en votre faveur, de notre territoire et de ses habitants? Mais la raison non moins que les principes les plus vulgaires du droit proclament qu'un semblable traité ne peut être valable. Les citoyens ayant une âme et une intelligence ne sont pas une marchandise dont on puisse faire commerce et il n'est pas permis dès lors d'en faire l'objet d'un contrat.

D'ailleurs, en admettant même, ce que nous ne reconnaissons pas, que la France ait eu le droit de nous céder, le contrat que vous nous opposez est sans valeur, par cela même que tout contrat ne vaut que s'il y a eu libre consentement chez les deux contractants. Or, il ne peut venir à l'idée de personne que la France, saignante, épuisée à la suite de vos victoires, ait cédé notre pays de son plein gré. (*Explosion d'hilarité.*) Non, ce n'est pas de sa libre volonté, mais l'épée sur la gorge, que la France a signé notre abandon; elle n'a pas été libre, elle s'est courbée sous la violence, et nos codes nous enseignent que c'est une cause de nullité des conventions qui en sont entachées.

Pour donner à la cession de l'Alsace-Lorraine une apparence de légalité, le moins que vous deviez faire, c'était de soumettre cette cession à la ratification de la population cédée. Un célèbre jurisconsulte, le professeur Bluntschli, de Heidelberg, s'exprime ainsi à ce sujet dans son *Droit international codifié* :

« Art. 286. — Pour qu'une cession de territoire soit valable, il faut d'abord qu'elle soit déclarée telle par les habitants du territoire cédé qui sont en possession de leurs droits politiques. *Cette reconnaissance ne peut, dans quelques circonstances que ce soit, être passée sous silence ni supprimée,* car les populations ne sont pas une chose sans droits et sans volonté, dont on puisse transmettre la propriété au premier venu. »

Même ce souverain despotique dont nous expions si cruellement aujourd'hui la politique insensée et que vous vous vantez de dépasser de beaucoup en libéralisme, Napoléon III, n'a jamais voulu annexer une population avant de l'avoir consultée. (*Hilarité bruyante et prolongée. Cris: Ridicule! Adorable! Pure apparence!*) En réalité, ces consultations étaient indignes du peuple, mais au moins on sauvait l'apparence, ce que vous ne faites même pas. (*Mêmes interruptions et rires.*)

Vous le voyez, messieurs, notre annexion à l'Allemagne ne peut être légitimée ni au point de vue de la morale, ni au point de vue de la justice. Jamais nous ne pourrons approuver cette manière d'agir, qui révolte notre raison non moins que nos cœurs. Ceux-ci se sentent irrésistiblement attirés vers la France, et nous ne serions pas dignes de votre estime si nous n'éprouvions pas ces sentiments. (*Oh! oh!*). Après deux siècles de communauté de pensées, d'efforts et d'action, les liens qui nous unissent à la France sont devenus si puissants que ni vos arguments et bien moins encore la force brutale ne sauraient les rompre.

Nos adversaires se donnent beaucoup de mal dans la presse, et peut-être même dans cette enceinte, pour faire croire qu'aux dernières élections l'Alsace-Lorraine a fait non point une démonstration française, mais une manifestation purement religieuse et catholique. Nous ne nions pas que

16.

les vexations dont le clergé a été, dans ces derniers temps, victime en Prusse et qui ont provoqué chez les catholiques d'Alsace-Lorraine une compassion profonde n'aient beaucoup contribué à amener sur vos bancs un si grand nombre d'honorables ecclésiastiques, connus pour leur patriotisme non moins que pour leur foi. Mais nous n'en protestons pas moins formellement contre l'opinion que l'on cherche à répandre en présentant nos élections comme n'étant qu'une manifestation purement catholique.

Une pareille interprétation est tout à fait contraire à la vérité et ne pourrait en particulier que faire sourire de dédain la fraction protestante et républicaine de notre députation, fraction dont je fais partie, si nous n'y reconnaissions une de ces manœuvres perfides qui sont familières à certains de vos politiques et qu'on ne saurait passer sous silence.

Tous tant que nous sommes, nous avons été envoyés par nos électeurs pour affirmer notre attachement à la patrie française, ainsi que notre droit de décider de notre sort sans immixtion étrangère. Comment pourrez-vous, en face du monde civilisé, justifier vos procédés à notre égard, procédés qui ne peuvent qu'éveiller les plus douloureux sentiments dans le cœur d'un million et demi d'hommes? Quelles sont les raisons que l'Allemagne allègue pour nous traiter ainsi? Permettez-moi de les rappeler en peu de mots.

En premier lieu, nous dit-on, vous êtes des membres de la famille allemande, vous êtes nos frères! N'est-ce là qu'une ironie amère ou parlez-vous sérieusement en disant cela? Pour nous, il nous est impossible de nous reconnaître comme étant de votre famille.

Certes, il ne nous répugne pas d'admettre le principe de la fraternité entre peuples, et nous avons même témoigné jusqu'ici à l'Allemagne plus d'affection que peut-être il n'était convenable; mais, aujourd'hui, après l'acte de violence qui nous a arrachés à notre vraie patrie, il ne nous est plus possible de voir en vous des frères.

En nous annexant, nous dit-on en second lieu, l'Allemagne n'a fait qu'user des droits de la guerre. Ayant été vaincus, nous ne saurions être surpris d'avoir à subir la loi du vainqueur: — c'est vrai, nous l'avons dit déjà, tel était le droit de la guerre aux temps anciens, mais ce même droit n'est plus en harmonie avec notre temps et notre civilisation.

Enfin, ajoute-t-on encore, l'Allemagne avait besoin de notre territoire pour garantir sa frontière contre une agression française. — Était-il nécessaire pour cela de démembrer la France? N'était-il pas possible d'arriver au même résultat en imposant au vaincu le démantèlement des forteresses d'Alsace-Lorraine?

Non, la vraie cause pour laquelle vous faites aujourd'hui de nous des vassaux de votre empire, la seule cause se trouve dans vos extraordinaires et rapides succès: vos victoires vous ont enivrés. Et c'est en cédant à cette ivresse que l'Allemagne a commis la plus grande faute qu'ait encore consignée son histoire.

Il dépendait d'elle, après son triomphe inouï, de conquérir à tout jamais, par la générosité, non seulement l'admiration du monde entier, mais encore les sympathies de son ennemi vaincu et surtout les nôtres à nous, habitants de l'Alsace-Lorraine. C'est d'elle seule qu'il dépendait d'amener un désarmement européen et de fermer pour longtemps, à tout jamais peut-être, l'ère sanglante des guerres entre peuples voisins, qui sont faits pour s'aimer.

Il lui suffisait, pour cela, de renoncer à toute pensée d'agrandissement territorial et de laisser intactes les frontières de la France. Si l'Allemagne avait agi comme on était fondé à l'attendre d'un peuple civilisé, libéral, elle se fût élevée au pinacle dans l'estime de tous les peuples et serait maintenant reconnue pour la nation la plus noble et la plus magnanime d'Europe. (*Grande hilarité.*)

Pour avoir dédaigné de suivre, en 1871, les conseils de la modération, que récolte-t-elle aujourd'hui? Toutes les nations de l'Europe se défient de sa puissance envahissante et multiplient leurs armements. Elle-même, pour maintenir son prestige guerrier, — qui pourtant ne contribue en rien au vrai bonheur des peuples, — elle fait flèche de tout bois, dissipe des capitaux énormes et veut encore accroître maintenant son armée, déjà si grande. Et que vous réserve, messieurs, le prochain avenir? Au lieu de cette ère de **paix** et d'union entre peuples, qu'il vous était, en 1871, si facile d'inaugurer, vous n'avez à attendre — nous le disons avec tristesse et effroi — que des guerres nouvelles, c'est-à-dire de nouvelles ruines et de nouvelles victimes que la mort viendra ravir à vos familles. (*Vive agitation.*)

Croyez-nous, renoncez à cette politique, qui nous prépare, à nous, une perte certaine, mais à vous aussi un sombre avenir. Vous êtes aujourd'hui forts et puissants : vous pouvez donc nous donner satisfaction sans qu'il en coûte à votre nation aucun sacrifice d'amour-propre. Rendez-nous, ainsi que nous vous le demandons par notre motion, la libre disposition de nous-mêmes.

Il a été jusqu'à présent d'usage dans cette enceinte, quand quelque noble cœur prenait la défense des peuples que vous **avez** subjugués, de fermer tout aussitôt la bouche à cet homme d'honneur et de le flétrir comme traître à la patrie. (*Oh ! oh !*)

Ne vous laissez pas effrayer, messieurs, par ces injures.

Traîtres à leur patrie sont ceux qui, par leurs aspirations fatales à la puissance matérielle et foulant aux pieds tout droit et toute justice, préparent à leur propre pays une perte inévitable, et non les hommes nobles et courageux qui, ressentant l'injustice, d'où qu'elle vienne, ne craignent pas de la signaler publiquement.

Rendez-nous justice aujourd'hui et nous oublierons volontiers tout *(hilarité)* ce que nous avons souffert depuis trois ans, pour ne plus songer qu'à votre magnanimité de la dernière heure. Nous serons de ce moment unis à vous par les liens de la vraie amitié et de la véritable fraternité, les seuls qui puissent être solides et durables, puisqu'ils naissent d'une profonde estime.

Le Président. — J'ouvre la discussion sur la proposition et je donne la parole au député docteur Raess.

Mgr Raess, évêque de Strasbourg. — Messieurs, pour prévenir une interprétation fâcheuse qui pourrait nous atteindre, moi et mes coreligionnaires, je me trouve obligé en conscience de faire une simple déclaration. Les Alsaciens-Lorrains de ma confession n'entendent aucunement mettre en question le traité de Francfort, qui a été conclu entre deux grandes puissances. (*Bravo!*) Voilà ce que je tenais à dire au début de cette discussion. (*Vifs applaudissements.*)

Le Président. — Il m'a été remis une demande de clôture des débats par MM. les députés baron de Stauffenberg, docteur Friedenthal et de Brauchisch. J'invite maintenant ceux qui concluent à la clôture de la discussion à se lever... C'est la majorité; la discussion est close.

M. Teutsch. — La discussion a été close par le vote...

Le Président. — Personne n'a la parole en ce moment; j'invite la Chambre au silence. L'auteur de la motion désire-t-il prendre de nouveau la parole?

M. Teutsch. — Je veux dire seulement que, par le vote de la Chambre, cette discussion...

Le Président. — Je donne la parole à l'auteur de la motion.

M. Teutsch. — La discussion a été close par le vote de la Chambre. Nous nous en remettons à Dieu, nous en appelons au jugement de l'Europe. *(Le baron Nordeck de Rabenau : Dans ce cas, vous êtes abandonnés !)*

Le Président. — Nous allons procéder au vote. Je prie M. le Secrétaire de relire la motion.

Le Secrétaire, docteur Weigel. — « Plaise au Reichstag décider que les populations d'Alsace et de Lorraine qui, sans avoir été consultées, ont été annexées à l'empire germanique par le traité de Francfort soient appelées à se prononcer spécialement sur cette annexion. »

Le Président. — J'invite les députés qui veulent adopter la motion qui vient d'être lue à se lever. *(Quelques députés se lèvent ; les députés d'Alsace-Lorraine restent assis. — Grande hilarité.)*

... C'est la minorité ; la motion est rejetée. — Je donne la parole à M. le docteur de Niegolewski sur une question de règlement.

Le docteur de Niegolewski. — Messieurs, la proposition des Alsaciens tendante à ce qu'on leur permît de se servir aujourd'hui de leur langue maternelle, — selon leur propre expression, — c'est-à-dire du français, n'a pas été adoptée, par respect pour le règlement. Il paraît pourtant que ces messieurs ne comprennent pas suffisamment l'allemand et qu'ils n'ont pas été initiés aux usages suivis dans les discussions devant une Chambre allemande, puisqu'ils n'ont pas compris la question quand il a été procédé au vote et que, pour ce motif, ils n'ont même pas voté en faveur de leur motion.

Selon moi, il est tout au moins nécessaire que ces messieurs soient rendus attentifs à la signification du vote et qu'il y soit procédé de nouveau. — Je demande le scrutin par appel nominal. *(Hilarité, agitation.)*

Le Président. — Messieurs, je crois m'être strictement conformé au règlement. Je ne puis faire plus, et il ne peut être question, selon moi, de recommencer un vote qui a eu lieu régulièrement. — Passons à une autre question de notre ordre du jour.

ANNEXE AU PROCÈS-VERBAL DE LA SÉANCE DU REICHSTAG DU 18 FÉVRIER 1874.

« Vu l'article 56 du règlement, nous déclarons que, lors du vote sur la proposition de MM. Teutsch et autres (n° 30 des documents imprimés), nous sommes restés assis, non pour voter avec la majorité, mais pour nous abstenir, et que nous avons agi ainsi parce que, par la clôture des débats, on nous avait enlevé la possibilité d'expliquer notre situation dans cette question, et que nous ne saurions en trouver un exposé suffisant dans les explications des deux seuls orateurs d'Alsace-Lorraine auxquels la parole a été accordée.

« Winterer, Söhnlin, Simonis, Philippi, baron de Schauenburg, Abel, Guerber, Hartmann. »

VI

Séance du Reichstag du 3 mars 1874.

DISCUSSION D'UNE MOTION TENDANT A LA SUPPRESSION DE L'ARTICLE 10 DU DÉCRET-LOI DU 30 DÉCEMBRE 1871, SUR L'ORGANISATION ADMINISTRATIVE EN ALSACE-LORRAINE [1].

M. LE PRÉSIDENT. — La parole est à M. le chancelier, prince de Bismark.

M. DE BISMARK, CHANCELIER DE L'EMPIRE. — J'ai, à la vérité, très peu de chose à ajouter, dans le domaine des faits, aux paroles de mon voisin (M. Herzog) et à celles de l'orateur qui vient de parler [2]; mais, dans une affaire où la responsabilité aboutit en définitive à ma personne,

---

1. Voir le texte de cet article, à la note de la page 118.
2. M. Max de Puttkammer, député de Fraustadt, alors conseiller à la cour de Colmar, actuellement sous-secrétaire d'État à la Justice, en Alsace-Lorraine. — Cousin germain de madame de Bismark.

je me tiens pour obligé d'apporter aussi mon témoignage personnel.

Généralement, il n'est pas agréable pour un ministre d'assister à un débat public dans lequel une administration dont il répond est soumise à la critique. Mais, dans le cas présent, ce sentiment désagréable est fort adouci par l'impression satisfaisante que je ne cesse d'avoir présente à l'esprit, à savoir la satisfaction de penser que cette discussion n'a pas lieu à Versailles, que les griefs de l'Alsace-Lorraine sont discutés ici, devant le Parlement allemand, et non dans l'Assemblée nationale française. *(Bravo!)* Cela me console de maints côtés fâcheux qu'offre ce débat; ce qui m'en console aussi, c'est le fait que notre Gouvernement est assez fort pour supporter cette critique et pour écouter avec calme et publiquement des discussions aussi ardentes, — du moins dans l'expression du mécontentement, — et les laisser publier pour l'Europe entière. Représentons-nous la situation inverse; supposons que, la guerre ayant pris une autre tournure, quelque partie de la province rhénane ou, ce qui peut être plus vraisemblable encore, une partie de la Belgique fût devenue française et que les députés annexés voulussent parler ainsi dans l'Assemblée parisienne. *(Hilarité. Très bien!)* Nous n'avons qu'à lire dans les journaux le compte rendu de la première séance venue de l'Assemblée de Versailles pour demeurer certains que, sinon la majorité, tout au moins le président Buffet, avec la façon tranchante qui lui est propre, aurait bien vite rendu illusoire pour les plaignants la liberté de la parole; mais l'usage en serait encore plus périlleux pour eux dans les rues et les hôtels de Paris, et il faudrait tout le déploiement des forces de la police française pour mettre ces messieurs, s'ils s'avisaient d'exprimer de mauvais sentiments à l'égard de la France, à l'abri de désagréments extra-parlementaires. *(Hilarité. Oh! oh!)* — J'entends derrière moi, de la part d'amis des choses françaises, plus confiants que moi dans l'égalité d'humeur et dans l'équité du public parisien, des expressions de déplaisir et de doute. Je me contenterai, messieurs, de vous rappeler les quelques arrêts de tribunaux français sur le meurtre d'Allemands, fait que la pratique judiciaire française traite presque comme chose licite. Aussi vos murmures me semblent-ils très peu justifiés, quand vous refusez d'admettre les inconvénients que peut avoir dans les rues de Paris la liberté de la parole.

Il est maintenant un point de vue que je voudrais placer plus au premier rang qu'on ne l'a fait jusqu'ici. Ces messieurs d'Alsace se plaignent de ce que, pendant trois années, nous ne les ayons pas rendus aussi heureux.....
.....qu'ils ne l'ont pas été, il est vrai, sous la domination française, mais qu'ils désireraient bien l'être, et que nous aussi nous désirerions bien les voir. *(Hilarité.)* Nous le leur souhaitons, mais ce n'était pas précisément là le but de l'annexion, en y procédant, nous n'y avons pas attaché l'espoir que ces messieurs deviendraient immédiatement des partisans enthousiastes de nos institutions allemandes, des amis des nouveaux fonctionnaires que nous leur envoyons, ni qu'ils iraient à eux avec bienveillance et avec une confiance d'enfant. Nous ne nous sommes nullement dissimulé que nous aurions à soutenir une lutte très vive avant de réussir à gagner leur attachement, que nous nous efforçons assurément d'acquérir, mais qu'actuellement nous ne possédons, il est vrai, pas encore. Le temps écoulé a été trop court pour cela.

Comme l'a dit le préopinant, l'Alsace, Strasbourg excepté, a appartenu à la France pendant deux siècles entiers et même plus, et l'habitude a sur les hommes une puissance extraordinaire. Quand, un jour, ces messieurs auront appartenu à l'Allemagne pendant deux cents ans, *(Hilarité)*, je leur recommande de faire alors un parallèle rétrospectif et je suis convaincu qu'en somme ils auront vécu chez nous plus agréablement. *(Hilarité.)* En tout cas, je suis persuadé qu'ils se seront alors rattachés à leur communauté originelle de race avec les Allemands avec tout autant de chaleur et d'énergie qu'ils en mettent aujourd'hui à exprimer, en si excellent allemand, leur attachement à la France. *(Hilarité.)* Ç'a été pour moi un sujet de satisfaction de constater que la connaissance de la langue allemande et de la rhétorique allemande n'ont pas été autant négligées en Alsace qu'on aurait pu le craindre, à en juger par le style de la première motion de ses députés et par le premier essai qu'ils sont venus faire, en balbutiant, de s'exprimer à cette tribune dans l'idiome natal. *(Grande hilarité.)*

Ce n'est pas nous qui avons introduit en Alsace l'état de siège — si vous tenez à l'appeler ainsi — ni les lois d'exception; nous les y avons trouvés établis et nous les avons adoucis, atténués et placés sous l'administration civile responsable. Ces lois ne m'affranchiraient pas de l'obligation de répondre devant vous de la façon dont l'état de siège est appliqué, et c'est là, je crois, une grande garantie. Je n'ai pas le droit de donner aussi aisément et sans justification l'absolution à M. le Président supérieur, pour employer l'expression de l'un des orateurs; je suis, au contraire, responsable de ses actes comme de tout le reste. Le tout serait assurément bien plus commode, s'il m'était permis de dire : « Que voulez-vous! le général commandant ne souffre pas qu'on le gêne; c'est lui qui exécute l'état de siège. » Ce serait là une situation analogue à celle qui existait pendant la guerre, dans une partie de la monarchie prussienne, sous le général Vogel de Falkenstein, dont le ministre de l'intérieur n'avait pas à répondre. Il me serait de même très facile, à moi, de m'en référer à la volonté militaire. C'est uniquement pour pouvoir demeurer responsables de la façon dont l'état de siège sera appliqué que nous avons adopté cette forme, dans laquelle il y a bien un reste, mais non plus certainement la totalité de l'état de siège.

La question est de savoir si nous pouvons nous en passer tout à fait. Les Français sont certainement plus expérimentés que nous dans la façon de traiter les sujets restés français jusqu'en 1870 ; jusqu'ici pourtant, ils n'ont pas cru pouvoir vivre sans l'état de siège. A l'heure qu'il est, 28 départements s'y trouvent encore soumis (*Écoutez! écoutez! Vive hilarité.*), et, entre autres, les plus peuplés et les plus importants. Je ne vous énumérerai pas les 28, j'en ai ici la liste officielle : j'y vois en tête Paris, Versailles, Melun, Blois, Orléans ; — puis, à la fin de cette liste des chefs-lieux, le Havre, Limoges, Marseille. Or le Gaulois est en général plus facile à gouverner que le Germain, et par conséquent, je crois, le Français de nation plus que l'Alsacien. Je ne doute donc pas le moins du monde que si le vœu que ces messieurs ont exprimé dans leur première motion, de redevenir Français, était exaucé, ils se trouveraient tout aussitôt placés sous le régime complet de l'état de siège, du moins dans les 2 départements allemands, tout comme le sont les 28 départements français (*vive hilarité*), et même sous un état de siège appliqué avec moins de ménagements, — je puis même dire, suivant les circonstances, quand les vagues viennent à se soulever, avec un peu moins d'humanité que par nous, et qui, au lieu des Vosges, a pour arrière-plan Lambessa et la Nouvelle-Calédonie.

La vraisemblance indique donc que les Français, vieux routiers en fait de gouvernement, maintiendraient l'état de siège en Alsace. Je ne me suis permis aucun jugement sur ce point; dans les propositions que j'ai eu à soumettre à Sa Majesté et au Conseil fédéral, je me suis laissé guider par les appréciations des fonctionnaires établis en Alsace, et il n'a pas été douteux pour eux que ce qui subsiste de l'état de siège dans ce pays doive être maintenu. Il est très vrai que, sous la longue pression de l'énergique domination française, dont la machine fonctionne et discipline avec une tout autre rigueur, la population a été habituée à se soumettre paisiblement aux ordres de l'autorité, mais pourtant en tant que la loi se trouve par derrière avec ses menaces.

Personne, jusqu'à ce jour, n'a tenu en Alsace de discours comme ceux que nous ont fait entendre ici messieurs les députés du pays. Mais je doute très fort qu'ils n'eussent pas été tenus si la loi rarement appliquée qu'on attaque en ce moment (et qui, je crois, n'a plus été appliquée depuis le mois de mars de l'an dernier), n'avait pas existé. Je ne vois pas pourquoi ces messieurs se mettraient tout à coup à penser ici tout autrement qu'ils ne pensent chez eux. L'atmosphère ne change pas les manières de voir, les opinions, ni les passions. Si donc j'avais encore conservé quelque doute sur la question de savoir si je devais proposer l'abrogation de cette disposition de loi, les récentes élections alsaciennes, ainsi que la motion, signée par *ces mêmes* messieurs, d'obtenir que l'Alsace fût appelée par plébiscite à prononcer sur son sort (motion qui ne pouvait avoir d'autre arrière-pensée que de détacher de l'Allemagne cette partie de l'empire), la manière aussi dont ces messieurs comprennent les faits et les dépeignent publiquement, et dont ils le feraient aussi en Alsace, si cela leur était permis, — tout cela a étouffé en moi la dernière étincelle de doute. Depuis que j'ai appris ici à connaître ces messieurs de plus près, je leur déclare que je ne puis absolument, sans les pleins pouvoirs exercés jusqu'à ce jour, assumer la responsabilité de l'administration, dans la mesure où elle m'incombe. (*Très vrai! Bravo!*)

Ce sont ces messieurs eux-mêmes qui ont levé tous les doutes à cet égard. Je les prierai seulement d'adoucir un peu, de leur côté, du moins dans leurs démonstrations publiques, le sentiment d'amertume qui les entraîne à toute sorte de vivacités de langage. Cela ne saurait produire chez nous aucune impression favorable quand nous entendons blâmer, je pourrais dire injurier de cette façon tout ce que nous faisons en Alsace, au point de ne reconnaître dans notre administration absolument rien de bon, pas même le mérite, faible sans doute, mais tout à fait incontestable, d'avoir diminué les impôts et les dettes du pays; les autorités compétentes pourront vous le dire, c'est là un fait qui s'est produit dans une mesure très considérable. Où prétend-on en venir en racontant de pareilles choses à la population alsacienne, dont les écoles pouvaient être très bonnes pour des écoles de France, et y comptaient en fait parmi les meilleures, tout en restant très inférieures aux nôtres (*Écoutez, écoutez!*) : on trouvera bien dans cette population une foule de gens prêts à croire tout cela, tandis qu'ici pas une âme n'y croit, parce que chacun sait qu'il n'en est pas ainsi. *(Vive hilarité)*.

Je prie donc ces messieurs d'Alsace, afin de calmer leur colère, de vouloir bien se rappeler un peu comment nous sommes arrivés à l'annexion. J'ai déjà dit que nous ne nous sommes pas flattés de réussir promptement à les rendre heureux, et ce n'est pas dans ce but non plus que nous avons fait l'annexion; nous avons élevé un rempart contre les irruptions que, depuis deux cents ans, a faites chez nous un peuple passionné et guerrier, dont l'Allemagne a le malheur et le désagrément d'être en Europe le seul voisin directement exposé. En face de ces belliqueux, nous avons dû briser la pointe de Wissembourg, qui pénétrait profondément dans notre chair, et précisément dans cette pointe de l'Alsace habite une partie de la population ci-devant française qui ne le cède en rien aux Gaulois comme passion guerrière et comme haine véritablement germanique contre la race germanique.

Ces messieurs ici présents sont-ils tout à fait innocents de ce passé de deux siècles, de ces guerres qui ont fini par amener de nouveau à la séparation de l'Alsace d'avec la France? Ils ont fourni aux Français, pour ces guerres, — et c'est là un témoignage d'honneur, — les meilleurs soldats et, en tout cas, les meilleurs sous-officiers. Le concours des épées alsaciennes dans les guerres françaises contre l'Allemagne est de ceux que, comme adversaires, nous avons appris à estimer très haut, et Dieu veuille que comme amis nous apprenions à l'apprécier encore quand nous verrons leurs enfants et les nôtres confondus dans les mêmes rangs.

Ces messieurs ne sont donc en aucune façon innocents du passé. S'ils avaient voulu protester, ils auraient dû le faire au moment où la guerre a éclaté et en maintes autres occasions. Mais, après qu'ils ont contribué à ce que le flot débordât, qu'il y eût une guerre qui, on en conviendra. a même entraîné avec elle des conséquences autrement tristes que celles que signalait un des précédents orateurs quand il soutenait n'avoir jamais vu rien de plus triste ni de plus désespéré que l'état actuel de l'Alsace-Lorraine, — je pourrais dire que quiconque porte, ne fût-ce que pour un trente millionième, sa part de complicité et de responsabilité dans la scélérate guerre agressive dirigée contre nous devrait bien se frapper la poitrine et se demander : « Ai-je fait *alors* ce que je devais ? » (*Vifs applaudissements*) [1].

Messieurs, il est facile de faire entendre ici de vives et bruyantes paroles; il n'est pas toujours nécessaire pour cela qu'elles soient fondées. Nous nous félicitons de ce que vous avez fait usage de ce droit, et, quant à moi, comme ministre, il m'a été particulièrement agréable de me trouver présent et de pouvoir me dire que c'est pourtant une belle chose qu'un ministre puisse entendre avec un calme parfait de pareilles offenses et de telles contre-vérités, sachant bien qu'il trouvera des défenseurs dans le reste de

---

[1]. On avait été généralement porté à ne voir d'abord qu'une boutade dans ce passage du discours de M. de Bismark. Toutefois un article publié deux mois plus tard, dans la livraison des *Annales prussiennes* (*Preussische Jahrbücher*) de mai 1874, et longuement analysé dans la *Gazette de l'Allemagne du Nord* du 4 juin suivant, s'attacha à démontrer, pièces en mains, que l'accusation de « complicité » portée par le chancelier impérial contre l'Alsace-Lorraine constituait à la charge de ses habitants, au jugement des hommes politiques de Berlin, un grief des plus sérieux et des plus fondés. Nous nous bornerons à renvoyer le lecteur désireux de comprendre et de s'instruire à l'article auquel nous faisons allusion.

l'assemblée et que cela ne lui nuira point dans l'opinion publique *(Nouveaux applaudissements prolongés.)*. Cela, messieurs, vous apprendrez encore vous-mêmes à l'apprécier.

Si maintenant il s'agit de la question concrète de savoir si le Parlement veut ou non adopter la motion, ou la renvoyer à une commission, laissez-moi vous dire à ce sujet quelques mots.

La motion proposée aujourd'hui doit s'interpréter par celle qui vous avait été antérieurement présentée, dans la séance du 18 février. Les signataires sont les mêmes. Cette fois encore, ils ont recueilli, en outre, quelques adhésions de complaisance d'autres messieurs, de gens qui depuis longtemps déjà appartiennent à l'Allemagne; mais la tendance entière de la motion saute aux yeux, grâce aux noms des premiers signataires, MM. Guerber, Winterer, Philippi, Simonis, baron de Schauenburg, Hartmann, Söhnlin. Ces messieurs n'ont en aucune façon désavoué ultérieurement le sens qu'on avait attribué à leur première motion ; ils ont pensé que la tendance pouvait en avoir été quelque peu obscurcie par M. le député docteur Raess, évêque de Strasbourg, ce que je ne trouve pas, quant à moi. M. l'évêque, lui, s'est refusé à mettre en question la validité du traité de Francfort, — ce dont je lui suis très reconnaissant ; — mais cela ne suffit pas pour changer ni pour altérer la nature de la motion en question : il y avait toujours lieu à vote. Et pourtant il a suffi de cette légère déviation du programme primitivement concerté pour attirer, comme vous le savez tous, à M. l'évêque les attaques les plus amères de la part de chacun de ses collègues. Pour mettre dans tout son jour la motion et sa portée, ainsi que la situation respective des députés alsaciens entre eux, je ne puis m'empêcher de vous demander la permission de lire un court passage d'une feuille alsacienne, le *Journal d'Alsace* ; cela est daté de Strasbourg, le 23 février 1874 :

« M. l'abbé Guerber nous adresse de Berlin la lettre suivante, qui contient une protestation des députés ultramontains de l'Alsace contre la déclaration de Mgr Raess.

» Berlin, le 21 février 1874. — « Monsieur le rédacteur du
» *Journal d'Alsace*, nous vous adressons la note collective sui-
» vante, émanant de plusieurs membres de la députation d'Al-
» sace-Lorraine, savoir : MM. Winterer, Simonis, de Schauenburg,
» Hartmann, Philippi, Sœhnlin et Guerber. — Nous envoyons
» cette même note à divers journaux, afin d'éclairer l'opinion
» publique sur l'incident de la séance du 18 février. — Je vous
» prie de vouloir bien porter cette note à la connaissance de
» vos lecteurs. Agréez, etc. Abbé J. Guerber, député au Reichs-
» tag. »

« Les députés d'Alsace Lorraine se proposaient de rédiger une protestation collective ; mais le règlement du Reichstag s'y opposait. Tous les députés s'empressèrent en conséquence de signer la motion Teutsch. MM. Teutsch, Winterer et Guerber furent chargés de la soutenir en discussion publique. M. Teutsch, au nom duquel la motion était faite, dut parler le premier. Il lut son discours, qui fut vingt fois interrompu par des rires et des exclamations... »

Je ferai remarquer à ce sujet que ces rires et ces exclamations — je suis bien aise d'avoir l'occasion de rectifier cela publiquement — ne s'adressaient nullement, autant que j'en ai pu juger, à la cause que défendait M. Teutsch, mais à son manque d'habitude de savoir mesurer sa déclamation et ses gesticulations devant les auditeurs allemands [1].

---

1. Il appartient au lecteur d'apprécier jusqu'à quel point cette explication rétrospective, — qu'avait rendue nécessaire la pénible impression universellement produite hors d'Allemagne par l'attitude de la majorité « libérale-nationale » du Parlement de Berlin, à la séance du 18 février 1874, — est conciliable avec les

(Hilarité.) Il est arrivé à ce monsieur, avec son discours, sans que ce fût sa faute, comme il arrive parfois, devant les auditeurs allemands, à un tragédien français, auquel il est souvent extraordinairement difficile de se contenir strictement dans les bornes où, d'après le sentiment allemand, cesse le tragique. *(Hilarité.)*

« L'évêque de Strasbourg n'était point inscrit pour prendre la parole. Contre le gré de ses collègues, en présence de la vive surexcitation du Parlement, il crut devoir déclarer qu'il ne songeait pas à mettre en question le traité de Francfort. Il échappa à Sa Grandeur de dire qu'il parlait au nom des catholiques. On se servit de cette déclaration pour clore immédiatement la discussion. MM. Winterer et Guerber qui, depuis le commencement de la séance, avaient demandé la parole, tâchèrent de toutes leurs forces de se faire entendre. Tout fut inutile, la discussion demeura impitoyablement close... »

Je vous laisse le soin de lire vous-même la suite de l'article. On y confirme que Mgr Raess n'a parlé qu'en son propre nom.

« De même que M. Abel, les députés catholiques de l'Alsace crurent devoir faire insérer au procès-verbal de la séance une note par laquelle ils déclinaient toute solidarité avec la déclaration de la veille. »

Ainsi se caractérise l'esprit dans lequel ces messieurs ont présenté leur motion actuelle; oui, cet esprit se révèle par là de la façon la plus claire.

M. Simonis a en outre, adressé une lettre à un ecclésiastique de Paris, dans laquelle il fait la critique de la séance du 18 février et que je ne veux pas lire ici, par

constatations de la sténographie, telles que nous les avons fidèlement reproduites plus haut. (V. p. 276 et suiv.)

politesse pour M. le président, que cette lettre met en cause. *(Hilarité.)*

Messieurs, que vous adoptiez la motion ou que vous la repoussiez, vous avez le choix ou bien d'exprimer par un rejet votre confiance que le Gouvernement impérial n'abusera pas plus à l'avenir que par le passé des droits qui lui ont été conférés et qu'il juge indispensables, — ou bien, en l'adoptant, ce que je ne suppose pas, de donner jusqu'à un certain point à l'Alsace un témoignage de satisfaction du Parlement à l'égard de l'attitude des députés actuels. *(Écoutez!)* Ce serait pour eux un encouragement de persévérer dans cette voie, de façon à arriver ainsi à gagner l'entière approbation de la majorité du Reichstag ; ce serait de plus, accentuer dans toute son énergie la critique qui s'est fait entendre ici des actes du Gouvernement ; ce serait un témoignage contre lui, une condamnation de ce que, pendant si longtemps, il a suspendu en Alsace le règne de la loi, l'expression enfin de la pensée que vous n'avez pas confiance que le Gouvernement impérial fasse, dans l'avenir aussi, un usage modéré de cette loi d'exception, qui, je le répète, n'a pas été appliquée une seule fois pendant les douze derniers mois. Je constate avec joie que l'intervention de ces messieurs dans la discussion est précisément ce qui rendra très difficile l'adoption de leur motion, — adoption sur laquelle sans doute eux-mêmes ne comptent pas, — et ce qui a fourni la preuve de ce que cette adoption aurait de fâcheux.

Le préopinant a soulevé une autre question, celle de renvoyer la proposition à une commission ; je n'aurais rien non plus à y objecter, car le Gouvernement n'a pas de raison pour se dérober, au sein d'une commission, à l'examen de ses actes, de sa situation, des mesures qu'il a prises, même dans les plus petits détails. Toutefois, je ne puis vous conseiller d'entrer dans cette voie car, en présence des nombreuses et urgentes affaires soumises au Parlement, on ne saurait calculer en toute certitude combien de jours et de semaines la commission aurait à consacrer à son examen. Et pendant tout le temps que la commission y mettrait, on vivrait en Alsace de même qu'à l'étranger sous l'impression que l'affaire ne paraît pas claire et que le Reichstag n'a pas été suffisamment édifié par les explications du gouvernement pour repousser d'emblée la motion. C'est pour cette raison de fait, dans l'intérêt de l'impression qui pourrait en résulter, que je vous prie de vouloir bien donner ainsi au Gouvernement impérial un vote de confiance plein et entier, en rejetant la motion. *(Applaudissements prolongés.)*

VII

Séance du Reichstag du 30 novembre 1874.

DISCUSSION DU BUDGET DE L'ALSACE-LORRAINE POUR 1875.

Le chancelier de l'Empire, prince de Bismark. — Je ne crois pas qu'il soit nécessaire de répondre point par point aux discours de M. le préopinant et de son collègue et compatriote (MM. les abbés Winterer et Simonis), députés d'Alsace-Lorraine : la distance qui sépare leur point de vue du mien est si incommensurable, qu'il nous serait impossible d'arriver à une entente ou à une réfutation convaincante. Nous parlons, pour ainsi dire, des langues différentes ; nous ne pouvons nous entendre, parce que, bien que parlant tous deux l'allemand, nous prenons pour points de départ des principes opposés, que nous admettons comme vrais et justes.

M. le préopinant a bien montré quel abîme nous sépare, quand il nous a reproché d'avoir, lors de la création de l'université de Strasbourg, tenu compte, non des intérêts de l'Alsace-Lorraine, mais de ceux de l'empire. Franchement, je ne puis défendre d'autres intérêts que ceux de l'empire ; je suis convaincu qu'avec le temps les Alsaciens en viendront également à considérer les intérêts de l'empire comme les leurs. Mais ils n'en sont pas encore là ; c'est pourquoi nous ne pouvons, à ce qu'il me semble, engager à ce sujet qu'une discussion passablement oiseuse.

Oui, messieurs, nous avons, en effet, fondé l'université de Strasbourg dans l'intérêt de la politique de l'Empire, de même que nous avons annexé tout le pays à l'Allemagne dans l'intérêt de cette politique. *(Très vrai !)* Ces messieurs feraient bien de se le persuader et de se faire une idée plus exacte de leur position ; comment peuvent-ils reprocher à un corps de quarante millions d'hommes de tenir compte des intérêts de l'empire plutôt que des intérêts de clocher de l'Alsace-Lorraine? *(Bravo !)*

C'est dans l'intérêt de l'empire que nous avons conquis ce pays, dans une guerre loyale, une guerre défensive, où nous avions à défendre notre peau ; ce n'est pas pour l'Alsace-Lorraine que nos guerriers ont versé leur sang, mais pour l'empire d'Allemagne, pour sa liberté, pour la protection de ses frontières.

Nous avons pris ces pays pour empêcher les Français de se servir de la pointe de Wissembourg pour l'attaque qu'ils projettent (Dieu veuille la retarder autant que possible) ; pour avoir, au contraire, un glacis que nous puissions défendre avant qu'ils attaquent le Rhin.

C'est aussi dans l'intérêt de l'empire et non dans celui d'Alsace-Lorraine que nous avons admis ces messieurs dans notre sein, un peu trop tôt peut-être, — ce n'est que sur de vives supplications que j'ai consenti à cette résolution hasardeuse, — que nous les avons admis dans notre sein et fait profiter des avantages de la Constitution de l'empire ; ce n'est pas dans votre intérêt, messieurs, nous pourrions fort bien vivre sans vous (*Hilarité*), mais uniquement dans l'intérêt de l'empire, afin que nous puissions ici suivre avec un intérêt vivant tout ce qui se passe dans votre pays ; afin que cette critique, exercée ici en quelque sorte par le ministère public, — je ne veux pas choisir un autre terme emprunté à la jurisprudence des canonisations (*Hilarité*), — pour que cette critique, décidément malveillante, nous rende attentifs aux fautes de notre administration, qui certainement n'en est pas exempte.

Je sais personnellement gré à ces messieurs de bien des choses qu'ils viennent de dire et je m'en sens touché : nous sommes hommes et faillibles, nous ne disposons que de forces humaines, et, en outre, la résistance que nous rencontrons en Alsace contribue à augmenter grandement nos difficultés ; ce n'est pas chose facile que de choisir parmi les fonctionnaires les meilleurs et les plus solides, pour les maintenir sur la brèche, passez-moi l'expression.

En somme, je trouve que ces messieurs nous rendent toujours un service en parlant ici, en mettant en lumière toutes les ombres qu'ils peuvent découvrir. Je n'estime rien tant, dans le régime de notre temps, que la publicité la plus absolue : pas un coin de la vie publique ne doit rester dans l'ombre (*Très bien !*) il faut que tous les défauts soient mis en lumière, dût cette lumière ne consister qu'en rayons blafards projetés par une lanterne sourde, comme celle dont se servait l'honorable préopinant dans cette discussion ; peu de lumière vaut toujours mieux qu'une obscurité complète, ne serait-ce que pour écarter jusqu'à un certain point un danger qui menace toujours la meilleure administration, la meilleure bureaucratie : la plaie de la présomption.

Je sais gré de la critique la plus acérée, pourvu qu'elle reste objective; nous verrons plus tard si la critique en question l'est toujours restée, car, dans ce cas, elle recevra une réponse objective aussi.

C'est surtout sur ce point que je veux insister, c'est que nous sommes ici sur le terrain de l'intérêt de l'empire, tandis que ces messieurs se placent, soit sur celui de leurs intérêts locaux ou des intérêts de leur passé qui les rattache à Paris, soit au point de vue de l'intérêt du présent qui les pousse vers Rome *(Oh! oh!).*

Nos points de vue sont diamétralement opposés. Les intérêts de l'Alsace-Lorraine et de l'Empire finiront par s'identifier, j'en suis convaincu; mais non si nous subordonnons la politique de l'empire aux exigences locales de l'Alsace-Lorraine, et que nous organisions notre politique de l'empire de la façon dont MM. Winterer et Simonis l'approuvent et nous la prescrivent. Nous procurerions ainsi une bien courte vie à l'empire.

Pendant que j'ai la parole, et M. l'orateur ayant rattaché à ses dernières phrases une apostrophe à mon adresse personnelle, j'ai à ajouter encore quelques mots au sujet de ce que M. le député Duncker notamment a dit, à la dernière séance, du statut du Landesausschuss. Il est parfaitement vrai qu'il y a deux ou trois ans, ou, pour parler plus exactement, jusqu'au moment où nous avons appris à connaître les députés d'Alsace-Lorraine ici présents, j'avais des vues quelque peu optimistes sur la possibilité de faire naître bientôt une vie constitutionnelle et parlementaire en Alsace-Lorraine. Je vais tout à l'heure mieux indiquer ce qui m'a induit en erreur sur ce point.

Après que nous eûmes appris à connaître la manière dont les représentants élus de l'Alsace-Lorraine entendent la politique de l'empire, les intérêts de l'empire, — je ne suis pas, du reste, timide en politique, — j'ai éprouvé une certaine angoisse, une certaine hésitation sur le point de savoir si je pouvais pousser l'empire à la création, en Alsace-Lorraine, d'une institution parlementaire dont la majorité ou la totalité partagerait les sentiments et les manières de voir de MM. les députés Simonis et Winterer? Je crois qu'une pareille assemblée recèlerait un grand danger pour la paix européenne. Je *présume* que le résultat des élections prochaines sera autre que celui des dernières, mais j'en suis trop peu certain ; il nous en faut au préalable d'autres preuves.

Un Parlement qui s'inspirerait surtout des intérêts français et romains (*Agitation et dénégations au centre ; très bien! à gauche,*) ne pourrait exister sans un conflit permanent entre ce Parlement et le gouvernement impérial. Il provoquerait une excitation notable dans le sens des sentiments français et peut-être dans ceux de l'Europe entière, et j'estime fort difficile de calculer, une année et plus d'avance, avec la même probabilité que c'est le cas aujourd'hui, la durée de la paix européenne, avec une assemblée parlementaire où des opinions telles que les représentent ici les députés alsaciens auraient la majorité.

C'est pourquoi j'ai assigné au projet de constitution précisément la forme et la voie dans lesquelles il vous est parvenu. Je n'ose pas, quel qu'en soit mon désir, — les paroles que M. le député a citées comme venant de moi montrent avec quel plaisir je le ferais, avec quelle satisfaction je me suis abandonné autrefois à l'espoir non fondé que ce serait possible, — je n'ose pas donner à cette affaire une forme mettant le Reichstag en situation ou bien de la rejeter — ce qui ne répondrait peut-être ni à votre sentiment, ni au sentiment de M. le député Duncker, car vous aussi vous accorderez volontiers une période d'essai, — ou bien de la voter, en créant par là une institution dont nous ne pourrions nous débarrasser de nouveau que par une loi nécessitant l'assentiment du Reichstag. S'il arrivait des choses très flagrantes, nous réclamerions et obtiendrions cet assentiment du Reichstag; mais, messieurs, vous serez certainement vous-mêmes unanimes à reconnaître avec moi combien il serait difficile et désagréable, pour une assemblée parlementaire, de révoquer de nouveau quelque chose de semblable. — Nous avons, dis-je, choisi cette voie, afin que, si nous voyons que la détermination, le penchant de traiter les affaires d'Alsace, sur la base de l'incorporation de ce pays à l'empire allemand, n'existe pas suffisamment, nous puissions attendre, attendre notamment l'effet de l'enseignement scolaire, que M. le préopinant a tant blâmé, et à l'égard duquel je déclare être pleinement d'accord avec M. le député Duncker, si nombreuses que soient d'ailleurs, à mon regret, nos divergences d'opinions. Fort probablement et certainement il nous faudra prendre des mesures beaucoup plus énergiques. (*Agitation au centre.*)

Nous croyons que l'instruction publique en Alsace-Lorraine était des meilleures en France ; mais comparée à l'Allemagne, elle ne pouvait néanmoins, comme en France en général, être tenue pour bonne. Vous voyez où en est arrivée avec le temps la nation française avec une pareille direction de l'instruction publique, si bien qu'il est très difficile de rétablir quelque chose de solide, l'état de l'instruction publique et ses résultats étant tels qu'il est aisé de tromper — pour ne pas dire duper — la population sur ses véritables intérêts, afin de l'empêcher d'apporter, dans une assemblée parlementaire, une expression sûre et claire de ses propres vœux. Dans le caractère français gît une crédulité proverbiale dont la population alsacienne ne s'est pas encore débarrassée.

Elle n'est pas entièrement exempte de complicité dans l'explosion de la guerre, l'espèce d'enseignement scolaire qui était en usage jusqu'ici en Alsace, enseignement auquel participaient et qu'influençaient de nombreux éléments ayant, dans l'intérêt de leur domination, avantage, je ne dirai pas à l'abêtissement de la jeunesse, mais à ce qu'elle ne devînt pas trop intelligente. *(Hilarité à gauche, mouvement et dénégations au centre.)*

Nous maintenons absolument les vues que j'ai développées précédemment devant vous au sujet de la création d'une représentation alsacienne ; si nous ne voulions pas les réaliser, bien qu'avec prudence et par degrés, nous n'aurions pas édicté ce statut qui est susceptible d'un développement ultérieur. Je n'ai, par exemple, aucun scrupule à l'égard de la publicité ; mais, si les autorités locales avaient des raisons majeures à y opposer, je n'enfoncerais pas les murs avec mon opinion, je céderais au contraire ; mais j'admets que la publicité sera possible. De cette façon nous apprendrons si on fait vraiment en Alsace de la politique alsacienne et allemande ou de la politique à tendances étrangères. Mais ce qui nous guidera certainement avant tout dans tous nos actes, c'est la sécurité de l'empire, de son territoire et de ses frontières, et, de même que je ne me laisse pas effrayer en politique par une détermination nécessaire et hardie, je ne me laisserai pas entraîner, par des reproches ou par la persuasion, à compromettre les intérêts de l'empire allemand par complaisance pour les Alsaciens, qui, en somme, ne sont pas de nos amis.

Je serai, en cela aussi, fort accessible aux vœux de la majorité de mes concitoyens allemands, tels qu'ils se manifestent dans leur représentation ici au Reichstag, ainsi qu'aux vœux des gouvernements allemands, tels qu'ils se manifestent au sein du Conseil fédéral.

Mais ne me demandez pas de m'aventurer avec une sorte d'impétuosité sur un terrain aussi fragile et aussi dangereux pour la sûreté et le repos de l'empire, toujours prêt d'ailleurs, comme je le suis, à supporter la responsabilité des conséquences.

Avant que nous nous avancions davantage, de nouvelles élections devront nous apprendre si vraiment les éléments tendant à aliéner les esprits à l'empire allemand et au gouvernement allemand l'emportent en Alsace. Si c'était le cas, il nous faudra attendre de la réforme de l'enseignement scolaire et de la génération qui grandit, une amélioration des choses, que les électeurs verront de travers et dans un prisme faux, aussi longtemps que pourront agir sur les écoles du pays les éléments ayant un intérêt à égarer et à étouffer l'intelligence de la jeunesse. *(Vifs applaudissements; murmures au centre.)*

VIII

Séance du Reichstag du 21 mars 1879.

DISCUSSION DE LA PROPOSITION DES DÉPUTÉS AUTONOMISTES ALSACIENS TENDANT A L'ÉTABLISSEMENT D'UN GOUVERNEMENT AUTONOME EN ALSACE-LORRAINE.

LE CHANCELIER IMPÉRIAL, PRINCE DE BISMARK. — Je crois qu'en prenant dès le début la parole, je faciliterai par mes explications la discussion qui va s'ouvrir sur les demandes faites par les députés de l'Alsace-Lorraine.

Je ne nierai pas que le discours de M. Schneegans n'ait fait en général une fort bonne impression sur moi; cette impression eût été meilleure encore si l'orateur s'était abstenu, vers la fin de son discours, d'adresser à Paris un certain appel qui ne saurait trouver d'écho ici *(Très juste)*, et s'il n'avait pas présenté sa patrie comme une sorte de pays neutre, où les sympathies pour la France ont le droit de se manifester au même titre que les sentiments favorables à l'Allemagne. *(Très bien.)* Nous ne pouvons accepter un amour divisé.

Le député de Saverne a rappelé les paroles qu'à plusieurs reprises j'avais prononcées en 1871 et dans lesquelles j'étais allé au devant des vœux autonomistes qui se produisent aujourd'hui : j'espérais alors que ces vœux seraient portés plus tôt devant cette assemblée. Je puis dire qu'ils arrivent tard, mais enfin ils arrivent, et, pour ma part, je les accueille avec faveur.

Je ne suis pas autorisé à parler ici en ma qualité de chancelier ; c'est comme ministre de l'Alsace-Lorraine que j'ai pris la parole, après m'être entendu toutefois en principe avec Sa Majesté l'empereur. Sans cette entente, je n'aurais pu, en tant qu'il s'agit de l'Alsace-Lorraine, exposer mes idées sur la question qui nous occupe.

Mais cette entente avec Sa Majesté, qui, dans ce cas, est mon souverain territorial, ne me suffit pas comme ministre pour donner force pleine et entière à ce que je dirai plus tard sur le minimum des conditions formulées par M. Schneegans. Il faut pour cela l'action commune des pouvoirs législatifs et surtout celle des gouvernements confédérés au Conseil fédéral.

Je ne puis avancer ici que des choses que je crois pouvoir défendre avec succès auprès de l'empereur, et avec l'espoir de réussite auprès des gouvernements confédérés, et je pense que M. Schneegans trouvera dans mes paroles un encouragement.

Si aujourd'hui je n'en suis plus tout à fait au même point de ce que j'appellerai mon « amour juvénile » pour le Reichsland, si l'espoir enthousiaste que m'inspirait la joie de voir d'anciens pays de l'empire réunis de nouveau à l'Allemagne a baissé, les événements qui se sont passés depuis l'annexion expliquent suffisamment le changement qui s'est opéré dans la disposition de mon esprit. Je ne puis citer ici tous les faits qui ont contribué à me décourager. Le précédent orateur les a mentionnés, en les exagérant en partie.

Je ne dirai qu'une chose : le premier désenchantement est venu après les premières élections faites en Alsace-Lorraine, après que j'eusse entendu M. Teutsch lire, avec l'assentiment de tous ses collègues, une protestation rédigée, comme il l'a prétendu, au nom de toute la population. Ce langage, nous l'entendons encore aujourd'hui, lorsque les députés ecclésiastiques de ce pays, MM. Winterer, Simonis et Guerber, prennent la parole, et c'est leur opinion et celle d'un grand nombre de leurs électeurs qu'ils viennent traduire ici. Nous pouvons même admettre que, se conformant aux préceptes de la charité chrétienne qui anime les ecclésiastiques *(Hilarité)*, ces députés cherchent à atténuer l'opinion qu'ils sont chargés de représenter. Nous devons, par conséquent, craindre que les électeurs ne nous envoient des députés qui exprimeront la colère laïque dont ils sont animés et qui fait nécessairement défaut au prêtre chargé de prêcher la conciliation et la paix, dans des termes bien plus vifs, plus acerbes que ne le font les députés ecclésiastiques, retenus par le soin de sauvegarder la dignité de leur habit et de leur profession.

Ces dispositions hostiles, il faut qu'elles aient existé dans le pays et qu'elles y existent encore, autrement les électeurs n'auraient pas nommé des députés dont l'antipathie pour l'Allemagne laisse bien loin derrière elle la limite tracée par M. Kablé et qui, au point de vue de ce député, constitue une avance considérable qu'il nous fait.

Il s'ensuit que tout ce que nous accorderons à ce pays en fait d'autonomie, toutes les concessions que j'étais prêt à lui faire, comme le prouvent les discours que j'ai prononcés en 1871, nous devons d'abord les examiner au point de vue de la tranquillité du Reichsland et de la sécurité de l'empire aussi dans des temps moins pacifiques que ne l'est le présent et qu'il est à espérer que ne le seront les années prochaines.

Je suis tout prêt à demander aux gouvernements confédérés d'accorder au Reichsland toute l'autonomie compatible avec la sécurité militaire de l'empire. J'énonce là un oracle dont l'interprétation peut varier, mais qui exprime un principe d'après lequel seul nous pouvons et devons agir.

Nous pouvons différer beaucoup sur la mesure de ce que nous voulons accorder. Sous l'impression qu'a produite sur moi l'attitude des députés protestataires, je me suis de plus en plus renfermé dans une grande réserve au sujet des affaires alsaciennes, et je me suis même demandé si j'avais bien fait de me charger, en dehors de la tâche qui m'incombe comme chancelier, des fonctions de seul ministre dirigeant d'un pays de 1,500,000 âmes, qui, comme l'a fait observer M. Schneegans, est difficile à gouverner par suite de son éloignement du siège du souverain et du chancelier.

Pour remédier en partie à cet état de choses, nous avons transféré une portion de nos attributions ministérielles au président supérieur, mais il reste toujours un inconvénient, savoir que la direction principale de la politique de l'Alsace-Lorraine incombe à un fonctionnaire qui n'est pas indépendant et responsable de ses actes, sur qui ne pèse pas la responsabilité ministérielle, laquelle repose tout entière sur le chancelier. Les côtés fâcheux de ce système dualiste ont été relevés par le député de Saverne avec une vivacité plus grande que ne le comportait le but qu'il vise. *(Hilarité.)*

Je n'ai pas qualité pour discuter ici les différents points de sa critique. Peut-être le collègue qui siège à côté de moi (M. Herzog) le fera-t-il plus tard, dans le cours de la discussion. Je ne veux pas m'occuper ici du passé, ni réfuter les récriminations, mais parler de l'avenir.

Après le découragement dont je me sentais atteint à l'égard d'une tâche qui pour moi, comme chancelier, n'est à tout prendre qu'une tâche secondaire, je m'étais réjoui de pouvoir, au moyen de la loi sur la suppléance, me décharger de la responsabilité, et, sous ce rapport, je voudrais rectifier ce qu'a dit un des orateurs. Ce n'est pas un ministre irresponsable, mais responsable qui me supplée en Alsace-Lorraine. La responsabilité qui pèse sur moi passe à mes suppléants, autrement la suppléance ne serait qu'un vain mot.

Par suite du partage fait entre les attributions ministérielles et les attributions du président supérieur, le centre de gravité de l'administration se trouve déjà à Strasbourg plutôt qu'à Berlin ; des actes qui m'ont été communiqués il résulte qu'à peine quelques centaines de questions administratives se décident à Berlin ; ce partage n'est pas juste, et je conviens que celui qui porte la responsabilité devrait se trouver plus rapproché des affaires.

Je fais ainsi une concession au sujet d'un des principes les plus essentiels en ce qui concerne ma personne. Quant à ma position de chancelier, je demanderai plus tard si la séparation sera complète ou si je resterai jusqu'à un certain point responsable. Je désirerais que la séparation fût complète, car je ne puis pourtant pas être responsable de choses dont le contrôle m'échappe, ni de fonctionnaires que je ne puis révoquer à mon gré. D'ailleurs, les affaires ont pris parfois une tournure qu'il m'était impossible de changer, bien que je ne l'aie pas approuvée, et je préférerais par conséquent être déchargé de fonctions secondaires qui n'ont pas nécessairement un rapport avec les autres affaires d'empire dont j'ai à m'occuper. La haute direction des affaires de l'Alsace-Lorraine ne doit pas être une occupation accessoire, mais la préoccupation principale de celui qui en est investi. Quiconque prétend à être ministre de ce pays devra en faire, à mon avis, sa principale et unique fonction. *(Très vrai.)*

Je vous prie, messieurs, de m'excuser si je parle avec un peu de lassitude. Comme tant d'autres d'entre vous, je souffre d'un refroidissement, et, si je n'y avais pas été forcé par le sujet en délibération, j'aurais préféré ne pas paraître aujourd'hui devant vous. Je fais donc appel à votre indulgence s'il m'arrivait de ne pas dominer mon sujet avec une complète aisance.

En ce qui concerne le minimum de conditions posé par M. Kablé, j'ai déjà dit que, comme ministre alsacien, je suis d'accord avec lui sur le point principal. J'ai soumis aux gouvernements confédérés les questions qui s'y rattachent. Mais le temps écoulé depuis cette communication est trop court pour qu'une entente ait pu déjà être établie.

Avant de prendre l'initiative dans ces questions, je m'étais proposé d'attendre qu'une demande me fût adressée par le pays lui-même. Cette demande a été faite, et j'ai par conséquent, avec l'assentiment de Sa Majesté l'empereur, communiqué mon opinion aux gouvernements confédérés; je prendrai soin de provoquer des décisions conformes au plan dont je vais vous présenter le squelette.

La première question qui se pose est celle de savoir si l'on a eu raison et s'il est avantageux de persister à réunir l'Alsace et la Lorraine en un seul pays avec une administration commune aux deux provinces. Je considère cette question comme ouverte. L'homogénéité de l'ensemble souffre réellement de cette fusion. Il est possible que l'Alsace, séparée de la Lorraine, arrive plus vite et plus facilement à se consolider que si on continue à y accoupler l'élément hétérogène lorrain, et il n'est, d'ailleurs, pas impossible d'établir un gouvernement à part pour chacune de ces deux provinces. J'avouerai toutefois que cette question demande à être examinée avec le plus grand soin sous les rapports politique et militaire, et je n'ai pas l'intention d'exprimer un avis à ce sujet avant de savoir ce qu'en pensent les gouvernements confédérés.

Il en est tout différemment des autres vœux relatifs au transfert du gouvernement à Strasbourg, au droit d'initiative à accorder au Landesausschuss, à l'augmentation du nombre des membres de cette assemblée et à la représentation consultative au Conseil fédéral.

En ce qui concerne d'abord le transfert de Berlin à Strasbourg du Gouvernement, qui, aujourd'hui, de par la loi sur la suppléance, consiste en une section de la chancellerie indépendante et responsable, portant le nom d'Alsace-Lorraine, il n'offre rien d'impossible ; cette administration complètement distincte, indépendante et responsable, peut être tout simplement transférée à Strasbourg.

Je déclare que de toutes les mesures dont je vais parler, il n'en est guère une seule qui, dans l'état actuel de la législation du Reichsland, puisse être prise sans un acte du pouvoir législatif. La législation embrasse des questions si multiples et se base à ce point sur certaines suppositions qui se produisent aujourd'hui, que, pour toutes les questions dont je ferai mention, un décret impérial ne suffirait probablement pas, et qu'une loi devra régler toute cette affaire.

Je disais donc que le transfert de la section d'Alsace-Lorraine, devenue indépendante par suite de la loi sur la suppléance, serait légalement chose facile. Mais, pour des motifs que je développerai plus tard dans le cours des débats, je crois que la translation toute nue de cette section de la chancellerie ne serait pas réalisable, et qu'il faut préalablement placer à sa tête un homme investi d'une autorité plus grande, un lieutenant de l'empereur, et j'entends par là non pas un prince indépendant, mais un gouverneur, à qui il faudrait attribuer quelques-unes des prérogatives qui, d'après le droit français, appartiennent au souverain. On sait que le droit français confère au souverain des droits personnels d'intervention et de signature bien plus étendus que ne le fait le droit allemand, et je crois qu'on peut sans préjudice aucun accorder à un gouverneur l'exercice d'une partie de ces droits monarchiques définis par le droit français.

A mon avis, il est d'autre part absolument nécessaire que les deux provinces, soit l'Alsace seule, soit qu'elles restent unies, possèdent un centre social et politique déterminé et une autorité qui soit investie d'un pouvoir plus étendu que celui dont dispose le président supérieur, d'un pouvoir qui, selon les circonstances, puisse donner ou retirer et qui se trouve en rapports quotidiens avec la population; en d'autres termes, je vote pour l'établissement d'un stathoudérat avec un ministère responsable qui pourra se composer de trois ou quatre sections, sans qu'il soit nécessaire pour cela d'accorder à trois ou quatre fonctionnaires le rang de ministre ; une organisation analogue à celle d'un grand-duché de même étendue que l'Alsace-Lorraine, avec des directeurs ministériels résidant dans le pays.

Ici se présente une tâche difficile, celle de régler les rapports de cette organisation avec le souverain, qui ne peut pas résider dans le pays ou du moins n'y réside que fort temporairement. Il faudra nécessairement avoir recours à l'institution d'un conseiller de cabinet qui demanderait la signature au souverain dans les cas où il serait besoin et lui expliquerait les affaires exigeant sa signature. La question est de savoir si ce conseiller aura des rapports avec le chancelier. Je n'exprimerai pas formellement mon opinion à ce sujet, je dirai seulement que Sa Mjesté l'empereur désire que le chancelier ne soit pas absolument exclu, et qu'elle puisse, le cas échéant, conférer avec lui sur l'exécution des ordres souverains. Au surplus, les rapports pourraient être purement personnels : je n'ai aucune objection à élever sur ce point, et je consentirais, s'il plaît à l'empereur, à changer ma position de chancelier contre celle d'un conseiller de cabinet ou d'un aide de camp. *(Hilarité.)* Il n'est guère nécessaire d'expliquer ce point d'une manière officielle, et cela me serait peu agréable, parce qu'alors la responsabilité retomberait en définitive de nouveau plus lourdement sur moi, et j'aurais beau faire, elle me suivrait partout : *Post equitem sedet atra cura*.

La seconde question posée par M. Schneegans concerne l'attribution du droit d'initiative au Landesausschuss ; je ne suis pas défavorable à cette mesure, pas plus qu'à l'augmentation du nombre des membres de cette assemblée. Il s'agit seulement de savoir si ce résultat pourra être obtenu par l'adjonction des Conseils généraux ou des Conseils d'arrondissement, ou de toute autre manière. Mais, en principe, je n'élève aucune difficulté contre ces deux points. Quant au règlement des points du détail, il sera nécessaire de les formuler en articles, en propositions de loi sur lesquelles le Conseil fédéral aura à délibérer.

La situation de l'Alsace-Lorraine vis-à-vis du Conseil fédéral constitue une des plus grosses difficultés. Si l'on donnait à ce pays le droit, que possèdent les autres États de l'empire, d'envoyer des délégués au Conseil fédéral, il en résulterait en fin de compte que la Prusse compterait deux ou trois voix de plus au sein de ce Conseil, car il n'est pas admissible que l'empereur, à qui appartient la décision suprême dans cette question, veuille organiser la représentation de l'Alsace-Lorraine au Conseil fédéral d'une manière différente de celle de la Prusse, où la décision aboutit forcément toujours à la volonté personnelle du monarque, qu'il y ait ou non responsabilité ministérielle. Les délégués de la Prusse et de l'Alsace-Lorraine ne pourront donc pas voter les uns contre les autres. Ce déplacement des voix au sein du Conseil fédéral amènerait une grave modification de la Constitution, dont je ne suis nullement disposé à assumer la responsabilité; d'autant que, selon moi, ce changement aurait peu de chances d'aboutir à un résultat. D'un autre côté, la cession de quelques-unes des voix de la Prusse à l'Alsace-Lorraine ne serait qu'une affaire de forme, d'autant plus que les nouveaux délégués ne pourraient recevoir d'autres instructions que les quatorze ou quinze représentants restant à la Prusse au sein du Conseil fédéral, et que le roi de Prusse, en sa qualité de souverain d'Alsace-Lorraine, doit être tout disposé à prendre en main les intérêts de cette province. La nomination de délégués, choisis par le Landesausschuss et ayant voix délibérative au Conseil fédéral pour y défendre les intérêts de l'Alsace-Lorraine, introduirait dans ce corps un nouvel élément, auquel j'aurais peut-être pu songer avec confiance en 1871 ; mais les représentants alsaciens-lorrains que nous avons en majorité ici et que j'ai nommés tout à l'heure ne m'encouragent pas à donner à cet élément une influence dans le Sénat des États confédérés.

Je m'occupe par contre activement de la recherche des moyens qui pourraient permettre à l'Alsace-Lorraine de défendre ses intérêts au sein du Conseil fédéral, et je crois qu'il serait possible d'accorder à ce pays des représentants qui, appuyés de l'opinion de leurs électeurs, pourront avoir voix consultative au Conseil, dans les discussions préliminaires des lois ou des questions intéressant directement leur pays.

En ce qui me concerne, je suis tout disposé à appuyer cette demande, et j'ai tout espoir que les autres gouvernements lui feront également bon accueil au Conseil fédéral, bien qu'elle doive entraîner une modification considérable dans la Constitution. En effet, c'est au fond l'attribution au Conseil fédéral d'une part du pouvoir que jusqu'à ce jour l'empereur a exercé seul et en souverain.

Cette innovation admet l'intervention des autres États confédérés dans la discussion préliminaire des mesures administratives et législatives ; elle crée, si l'on peut s'exprimer ainsi, une sorte de tribunal connaissant des plaintes élevées contre le gouvernement ; car les représentants du Landesausschuss seraient à même, et cela en tout temps, de saisir le Conseil fédéral d'une proposition ou réclamation quelconque; il y aurait là une instance très efficace, et les réclamations faites par l'Alsace-Lorraine obtiendraient par là un retentissement considérable et immédiat.

Il serait, en outre, peut-être utile que la délégation de l'Alsace-Lorraine eût une sorte de représentant diplomatique auprès de l'empereur, possédant avec son collègue au Conseil fédéral le droit d'initiative, celui de porter plainte ou d'émettre des propositions, soit auprès de l'empereur comme souverain, soit auprès du Conseil fédéral, ce dernier représentant, au nom des États confédérés, la souveraineté effective. Quant au mode de nomination de ces deux délégués avec voix consultative au Conseil fédéral, ce n'est qu'une question de forme facile à régler, si toutefois ce projet, exposé par moi d'une manière assez incomplète et peu élégante, trouve l'assentiment de la haute assemblée; dans ce dernier cas, ce serait une grande concession accordée aux réclamations de l'Alsace-Lorraine.

Je ferais, en ce qui me concerne, cette concession sans crainte pour la sécurité de l'empire, parce que les affaires militaires resteraient dépendantes du gouvernement et entre les mains du chef suprême de l'État, ainsi que les autres attributions politiques, et que, d'ailleurs, si l'essai devait ne pas réussir, la concession n'a rien d'irrévocable. Je voudrais, au cas où cette innovation ne produirait pas les effets désirés, qu'elle pût être rapportée par la voie législative qui l'aurait créée, et qu'elle pût aussi, au contraire, être étendue et complétée comme ce sera, je l'espère le cas, à mesure que le bon sens de la population l'emportera sur les tendances hostiles qui ont leur source dans les dispositions des classes supérieures et des nombreux *Parisiens* restés en Alsace, — (je ne dis pas *Fran-*

çais, car j'établis par expérience une distinction profonde entre *Français* et *Parisiens*). — Tous les renseignements qui me parviennent sont d'accord pour me prouver que, dans la grande masse de la population, principalement dans celle des campagnes, la confiance dans le nouvel état des choses suit une progression considérable, grâce surtout aux effets du service militaire obligatoire.

Je suis convaincu que notre bonne volonté, qui est toujours la même, bien que ma confiance ait diminué depuis 1871, arrivera avec le temps à nous gagner les classes de la population, qui, jusqu'à ce jour ont été récalcitrantes, si nous les laissons tranquillement à leurs affaires. Je voudrais, pour ce motif, que nous nous dominions assez pour ne pas trop peser sur elle, ni par l'intermédiaire de la bureaucratie, ni par celle des corps délibérants. J'ai encore aujourd'hui confiance dans le germe allemand, resté intact, bien qu'étouffé sous le brillant et séculaire vernis français, et je crois que le chêne germanique, jusque-là cultivé à la française, après qu'il aura été retaillé par nous, se développera puissamment, si nous avons du calme et de la patience et si nous réussissons à nous guérir de notre défaut de vouloir trop gouverner, si nous laissons pousser la plante au lieu de la couper et de la ployer suivant nos désirs.

Je désire que le Reichstag examine de plus près les idées que je viens d'énoncer et qui sont encore bien incomplètes. Moi, de mon côté, je suis prêt à les développer et à les expliquer. (*Vif assentiment*).

IX

ALLOCUTIONS, TOASTS ET DISCOURS DE M. DE MANTEUFFEL.

Avis par lequel M. de Manteuffel a notifié son entrée en fonctions aux habitants de l'Alsace-Lorraine.

Je prends à dater de ce jour possession de la fonction de lieutenant impérial dans les pays d'empire, que Sa Majesté a très gracieusement daigné me conférer et je prie Dieu de me donner la force de la remplir à la gloire de l'empire et pour le bien de l'Alsace-Lorraine.

Strasbourg, le 1er octobre 1879.

E. MANTEUFFEL,
Feld-maréchal général.

Paroles prononcées par M. de Manteuffel, le 5 octobre 1879, en recevant l'évêque et le chapitre de la cathédrale de Strasbourg.

C'est ma conviction profonde que la religion est absolument nécessaire au bien de l'État et du peuple. Je lui accorderai toujours toute la protection qu'il sera en mon pouvoir de lui donner, et, dans ces efforts, je compte naturellement sur votre active coopération.

J'attends de vous, messieurs, que vous ne perdiez jamais de vue le commandement des saintes Écritures, où il est dit que l'autorité est instituée par Dieu et qu'on lui doit respect et obéissance. Mais ce n'est pas seulement de l'obéissance extérieure, d'une apparence d'obéissance qu'il est question dans ce commandement : il s'agit, au contraire, de l'obéissance réelle, de celle qui part du cœur. En effet, l'apôtre dit textuellement : « Que cette obéissance est due au Seigneur. »

Allocution adressée par M. de Manteuffel, le 11 octobre 1879, à l'hôtel de la préfecture de Colmar, aux fonctionnaires, au clergé et aux corps institués de la Haute-Alsace.

Je respecte l'attachement que les Alsaciens éprouvent pour le grand pays auquel ils ont été unis pendant deux cents ans. Une aussi longue période ne s'efface pas. Mais, si je me trouve aujourd'hui en votre présence, rappelez vous que ce n'est pas l'Allemagne qui a commencé la guerre pour revendiquer l'Alsace-Lorraine ; cette guerre nous a été imposée par la France.

Si vous appartenez désormais à l'Allemagne, songez que jadis, pendant sept siècles, le pays a partagé les destinées historiques de l'Allemagne, et considérez aussi que l'Allemagne, plus que tout autre État, respecte et sauvegarde les particularités de ses différentes provinces. L'Allemagne saura développer, en Alsace-Lorraine aussi, le bien que ce pays a retiré de son union avec la France. Mais, sur le terrain politique, je trace une ligne de démarcation et je tiendrai tête à tous ceux qui voudront se mettre du côté de l'étranger.

Du clergé, en particulier, j'attends qu'il reconnaisse, selon l'Écriture, l'autorité comme établie par Dieu, et qu'il pratique et enseigne le respect et l'obéissance à son égard, non seulement extérieurement et pour la forme, mais, comme le dit l'apôtre : « Pour le Seigneur, en toute vérité et du fond du cœur. »

Se tournant vers les fonctionnaires de l'administration, M. de Manteuffel a fait ressortir qu'il ne suffirait pas de remplir leurs devoirs pour le bien de l'Alsace-Lorraine, mais qu'ils avaient aussi à remplir un devoir d'honneur envers toute l'Allemagne, en amenant l'Alsacien-Lorrain le plus opiniâtrement attaché à la France à reconnaître les avantages de l'administration allemande.

S'adressant à la magistrature, le feld-maréchal a ajouté :

La justice doit régir le pays, c'est le principe fondamental de l'administration de la justice allemande.

Des trois termes dont se compose la devise proclamée par Lafayette : Liberté, Fraternité, Égalité, les deux premiers n'ont été le plus souvent que phrase vide. Seule, l'*égalité* s'est maintenue comme égalité devant la loi, et elle doit conserver ses droits en Alsace.

S'adressant aux instituteurs, il a dit :

Vous avez une tâche lourde, souvent bien épineuse, dans l'accomplissement de laquelle vous devrez vous contenter souvent de la conscience de faire le bien. Mais cette tâche est honorable, car c'est surtout dans vos mains que se trouve l'avenir du pays, puisque vous êtes chargés de former la génération qui vient. Ne perdez jamais de vue ce but élevé.

Allocution adressée par M. de Manteuffel, le 15 octobre 1879, à l'hôtel de la préfecture de Metz, aux fonctionnaires, au clergé et aux corps constitués de la Lorraine.

Je vous salue cordialement. L'homme est sous l'influence des impressions extérieures : c'est ce que je ressens aujourd'hui. A mon entrée dans Metz, s'est présenté vivant devant mon âme le souvenir du sang que j'ai vu verser dans les champs autour de cette ville, et combien de nuits j'ai passées à méditer sur le mal que je pouvais lui faire. Mais je réfléchirai encore bien plus aujourd'hui sur la manière de faire du bien au pays, et je concentre dans cette pensée tous mes sens et toutes mes facultés.

Il y a un inconvénient à répéter dans chaque localité la

même chose, néanmoins je ne puis faire autrement. Vous aurez lu sans doute ce que j'ai dit à Colmar aux fonctionnaires, aux magistrats, aux instituteurs. Ces paroles, je vous les rappelle.

Ici, en Lorraine, il est presque plus encore de notre devoir de faire tous nos efforts pour faciliter au pays la transition au nouvel état de choses ; car, en Alsace, il y a bien plus de souvenirs historiques qui nous ramènent à l'Allemagne qu'ici, en Lorraine. Mais je prie ces messieurs de la Lorraine d'entrer avec une entière confiance dans le nouvel état de choses et de se rendre un compte bien exact de la situation vraie.

Songez que nous vivions en paix et en repos, que l'empereur Napoléon nous a mis le pistolet sur la gorge et nous a forcés de défendre notre patrie. Le sang de nos fils a coulé aussi. Dieu s'est déclaré pour nous. Si nous avions été battus, aurions-nous, je le demande à chacun, conservé un seul village de ce côté-ci du Rhin. Ayant été les vainqueurs, nous avons garanti notre frontière, et Metz fait partie de notre garantie. Cette ville, avec l'aide de Dieu, sauvegardera de nouveau pendant des siècles, si elle venait à être attaquée, sa renommée virginale.

Je ressens avec vous combien il doit vous être pénible d'être séparés de la France, si distinguée par son génie et sa vie intérieure; mais maintenant vous appartenez à l'Allemagne ; attachez-vous à elle franchement et loyalement, sans arrière-pensée. C'est ce qu'exige votre devoir envers l'Alsace-Lorraine. Unissons-nous sur ce terrain commun pour travailler dans l'intérêt et pour le bien-être de ce pays. Je serai impuissant, si les Alsaciens-Lorrains ne font pas preuve de ce patriotisme.

A moi aussi il devient souvent difficile de conserver une

entière confiance. C'est ainsi qu'on a mis sous mes yeux des articles de journaux dans lesquels il est question du serment que prêtent les membres des Conseils d'arrondissement, des Conseils généraux et du Landesausschuss. Dans ces articles, on leur conseille de prêter le serment, sauf à penser ce qu'ils voudront. Une âme allemande recule d'effroi devant de telles incitations, et même dans le chevaleresque pays de Bayard une pareille **argutie**, qui n'est ni allemande ni française, révolte.

J'ai reçu aujourd'hui une lettre dont je vais vous donner lecture. En ce qui concerne l'ouragan dont elle nous menace du côté de l'ouest et qui nous repousserait au delà du Rhin, je ne le désire pas; mais, malgré mes soixante et dix ans passés, je vous certifie que je ne le crains pas non plus. S'il est dit dans cette lettre que je ne dois pas me donner la peine de faire la cour aux Alsaciens-Lorrains, attendu que ce serait en vain, eh bien, oui, messieurs, je veux faire la cour aux Alsaciens-Lorrains, parce que je comprends leurs sentiments. Mais cette considération cessera — je le dis tout aussi hautement — dès qu'ils voudraient pactiser avec l'étranger.

J'ai parlé plus librement qu'à l'ordinaire, parce que les souvenirs du passé m'ont animé. Je réitère mon vœu de voir s'établir entre nous une confiance réciproque pour que nous travaillions de concert au bien-être du pays. Dieu veuille nous accorder à cet effet sa bénédiction.

Toast porté par M. Manteuffel au banquet qui lui a été offert par les autorités allemandes, le 27 octobre 1879, à l'hôtel du Lion rouge, à Mulhouse.

———

Je vous propose, messieurs, de boire à la prospérité de la ville de Mulhouse. Mulhouse a plus particulièrement ressenti la modification apportée à ses conditions d'existence politique, car, bien qu'elle n'ait pas été, comme d'autres villes de l'Alsace-Lorraine, unie pendant des siècles à la France, elle en a cependant fait partie assez longtemps pour s'initier à la vie intellectuelle de ce riche pays, et par ce que j'ai vu aujourd'hui, en visitant les établissements industriels et les musées de la ville, j'ai pu me convaincre que cette assimilation s'était opérée d'une manière absolue et complète.

A cela s'ajoute le sentiment d'indépendance virile et tenace de l'habitant de la Suisse, qu'elle a conservé de son alliance avec ce pays. Si je ne me trompe, ses citoyens ont eux aussi présenté leurs poitrines nues au duc de Bourgogne. Les souvenirs de sa vie politique comme ancienne ville libre impériale allemande n'existent probablement plus que dans la grande salle de la mairie, et sont effacés dans les esprits.

Mais que nous soyons Suisses, Allemands ou Français, nous voulons tous vivre; à cet égard, Mulhouse aussi a éprouvé, par les événements récents, un grave trouble dans ses intérêts matériels; il y a donc ici beaucoup de plaies à guérir, de maux à soulager.

Cette tâche ne peut être accomplie que si l'Administration et la population travaillent de concert avec droiture et loyauté, la main dans la main, en reléguant à l'arrière-plan toutes les considérations de parti confessionnel ou politique, alors qu'il ne s'agit que du bien-être général.

Je bois au bien-être, à l'accroissement et à la prospérité de la ville de Mulhouse! Vive Mulhouse!

Allocution de M. de Manteuffel à l'ouverture de la session du Landesausschuss (16 décembre 1879).

Je salue au nom de Sa Majesté l'Empereur la délégation d'Alsace-Lorraine qui se réunit aujourd'hui pour la première fois depuis que ses attributions ont été étendues.

Outre le projet de budget, vous aurez, messieurs, à examiner différents projets de loi, qui sont rendus nécessaires, les uns par la réorganisation judiciaire, les autres par certains intérêts matériels.

L'attitude patriotique que la Délégation d'Alsace-Lorraine a montrée dans les précédentes sessions donne lieu d'espérer qu'elle discutera avec une consciencieuse impartialité les projets de loi qui lui seront soumis.

Vous recevrez, messieurs, d'autres communications de

M. le secrétaire d'État, entre les mains duquel prêteront serment ceux d'entre vous qui n'ont pas encore rempli ce devoir.

Que Dieu daigne rendre vos délibérations favorables au bien du pays !

Au nom de l'empereur, je déclare ouverte la session de la Délégation d'Alsace-Lorraine.

Discours prononcé par M. de Manteuffel au banquet offert par lui, à Strasbourg, aux membres du Landesausschuss, le 17 décembre 1879.

—

Je ne puis laisser partir ces messieurs du Landesausschuss que j'ai, pour la première fois, le plaisir de recevoir à ma table, sans leur souhaiter une cordiale bienvenue. Il a pu être pénible à beaucoup d'entre vous, et il pourra leur devenir plus pénible encore de remplir leur mandat dans les circonstances et les conditions actuelles. S'en acquitter est de leur part un acte de vrai patriotisme.

Loin de moi la pensée de prétendre juger ceux qui, tournant actuellement le dos à l'Alsace-Lorraine, font élever leurs enfants loin du pays, de ses mœurs et de ses coutumes, ou ceux qui, dans leur ressentiment contre la situation nouvelle, se tiennent à l'écart des délibérations des Conseils d'arrondissement, des Conseils généraux et du Landesausschuss. Mais l'histoire a formulé son jugement sur l'émigration (de 1792). La France n'en a tiré aucun profit ; le cours des événements n'en a pas été modifié et déjà Achille paya sa bouderie de la mort de son ami et dut quand même finir par rejoindre ses compagnons d'armes. Je désire et j'espère que, sans sacrifice de ce genre, l'Alsace-Lorraine recouvrera bientôt les forces qui maintenant la désertent.

Quant à vous, messieurs du Landesausschuss, je vous prie d'accepter amicalement l'expression de ma chaleureuse reconnaissance pour le patriotisme alsacien-lorrain dont vous faites preuve par votre présence ici.

Et maintenant, permettez-moi de parler de moi et de ma manière de voir personnelle sur nos affaires. Je le ferai en toute franchise, car il faut que vous sachiez ce qui se passe au dedans du moi.

Ma femme était malade lors de mon entrée en fonctions. Elle m'a accompagné ici et n'a pu se remettre de la fatigue du voyage ; elle est morte plus tôt que les médecins ne s'y étaient attendus. A cette occasion, il m'est parvenu de toutes les parties du pays et de toutes les classes des témoignages de sympathie, sans que ni moi ni ma femme ne fussions encore connus. La compassion purement humaine au sort du prochain prouve chez une population un esprit sain, et la sympathie des Alsaciens-Lorrains m'a fait infiniment de bien.

J'ai soutenu, pendant ces dernières semaines, de cruelles luttes intérieures. De plus en plus j'étais pris du désir, à l'âge où je suis, de me retirer dans le silence, auprès du tombeau de ma femme, et de ne plus vivre que de souvenirs. Mais quitter volontairement mon poste, alors que j'ai à peine commencé ma tâche, ne se concilierait ni avec mon passé, ni avec les sentiments de la défunte. Je veux, avec l'aide de Dieu, triompher de cette sentimentalité indigne d'un homme, et, de même que jadis les doges de Venise épousaient la mer, je veux en faire autant avec l'Alsace-Lorraine et poursuivre avec elle la reconnaissance de sa pleine indépendance légitime et constitutionnelle dans l'empire. Car l'Alsace-Lorraine n'est pas un pays occupé ni annexé ; elle a fait retour à l'Allemagne, on pourrait dire qu'elle a été revendiquée par elle à la suite d'une guerre qui nous a été imposée, — et c'est là un fait de très haute portée. — Il y a passé mille ans, ce ne fut non plus qu'après des combats sanglants que ce pays fut attribué à l'empire germanique qui, de ce moment, s'éleva par degrés au point de devenir la première puissance du monde. Lorsque ensuite l'empire déchut de son rang et que le pouvoir central fut devenu trop faible pour défendre ses frontières par les armes, il en perdit une partie : Strasbourg en dernier passa à la France, — et je sens au cœur une blessure de ne pas voir encore cette antique ville libre impériale allemande représentée au Landesausschuss.

Et, maintenant que l'empire germanique ressuscite, l'Alsace-Lorraine lui est rendue ! Je vois dans cette coïncidence un heureux présage pour l'avenir de l'Allemagne. C'est le cours de l'histoire universelle qui a voulu que de nouveau cette réunion se soit faite à la suite de grandes batailles. C'est ce qui fait la poésie de notre vie de soldat, si souvent monotone, de savoir que c'est de nous que dépend le sort des batailles, et par elles le destin des peuples. Ce destin a frappé ce coup-ci l'Alsace-Lorraine, mais de ce même moment ses anciens droits de souveraineté germanique renaissent. Jamais ils n'ont été périmés : ce n'est pas librement que cette province s'est unie à la

France; la faiblesse de l'empire en a été seule cause. Égale en droits à tous les autres États qui composent l'empire, l'Alsace-Lorraine doit être admise à reprendre sa place au milieu d'eux.

Toutefois, comme lors de toutes transformations de souveraineté et d'État, les pays qui les subissent ne sont pas seulement atteints sous le rapport matériel, mais surtout au point de vue social, l'Alsace-Lorraine se trouve, elle aussi, dans une de ces périodes de transition. Aussi voulons-nous nous tenir loyalement et franchement unis, afin de nous aider mutuellement à traverser l'épreuve, et nous efforcer d'abréger cette période de transition par une sage modération et une juste appréciation de la situation. C'est seulement après que j'y aurai réussi que je me reconnaîtrai le droit de me retirer auprès de la chère tombe de ma femme et de vivre de souvenirs. En attendant, je crie bien haut, en face de l'empire germanique : Vive l'Alsace-Lorraine !

Discours de M. de Manteuffel à la séance d'installation du Conseil d'État d'Alsace-Lorraine (28 juillet 1880).

Messieurs, soyez les bienvenus. L'heure qui nous rassemble est solennelle ; elle marque le couronnement de la nouvelle organisation de l'Alsace-Lorraine. Je me vois entouré d'hommes occupant tous d'éminentes positions, les uns distingués par les services qu'ils ont rendus à l'État et à la science; les autres, Alsaciens-Lorrains de naissance, riches en savoir et connaissant par une longue expérience tous les besoins du pays.

Vous avez tous été appelés, soit directement, soit indirectement, par la confiance de l'empereur, à siéger dans ce Conseil pour exprimer librement et en toute franchise à Sa Majesté vos vues sur les questions les plus importantes de la vie publique.

Il ne s'agit pas de parlementarisme, d'influence politique, de victoires de partis, de l'application d'opinions et de théories subjectives; la tâche qui nous incombe est de juger d'une manière purement objective les questions qui nous sont soumises, et le seul but à atteindre, c'est le bien-être matériel et intellectuel du pays.

Vous savez, messieurs, que je consacre le reste de ma vie à conquérir pour l'Alsace-Lorraine la pleine indépendance dans l'empire. L'activité que déploiera le Conseil d'État me sera d'un grand secours dans l'accomplissement de cette tâche. — Pour que les délibérations du Conseil d'État continuent à fortifier de plus en plus la confiance que met l'empereur dans le pays et préparent les voies à un accroissement des droits politiques de l'Alsace-Lorraine identique aux intérêts de l'empire, il est nécessaire que le Conseil fasse preuve de tact, de mesure, et reconnaisse pleinement les faits accomplis. Soutenez-moi, messieurs, dans mes efforts, je vous en prie du fond de mon cœur, et que la bénédiction de Dieu descende sur nos travaux !

TABLE

		Pages.
I.	L'échec de l'œuvre de germanisation.	1
II.	D'où vient cet échec?	6
III.	Le patriotisme allemand et l'école historique.	13
IV.	Restes féodaux et tendances gothiques.	21
V.	La réforme judiciaire allemande et ses effets.	31
VI.	Impérialisme et particularisme.	45
VII.	Allemands et Juifs.	50
VIII.	Les idées économiques de M. de Bismarck et l'industrie nationale de la Prusse.	59
IX.	Travaux publics. — Histoire d'un canal.	68
X.	Deux civilisations en présence.	74
XI.	Résistances inattendues.	81
XII.	Germains et Kabyles.	87
XIII.	La mission de M. de Manteuffel.	92
XIV.	Le régime du 4 juillet 1879.	95
XV.	L'autonomie et le système prussien.	102
XVI.	Le fonctionnarisme et les fonctionnaires impériaux.	108
XVII.	Apparences et réalité.	116
XVIII.	Le nouveau Landesausschuss et le serment politique.	122
XIX.	Entraves législatives.	131
XX.	Les écailles et l'huître.	139
XXI.	Le royaume d'Alémannie.	143
XXII.	Dualisme et frottements.	152
XXIII.	Le lieutenant impérial d'Alsace-Lorraine.	158
XXIV.	L'aigle germanique.	167
XXV.	Physiologie politique.	172

TABLE

	Pages.
XXVI. Cinquante ans de paix armée	178
XXVII. Un plan de désarmement	182
XXVIII. La Revanche	190
XXIX. Le Pangermanisme et les croisades	198
XXX. Symptômes de désenchantement	206
XXXI. L'Alsace-Lorraine patientera	213
XXXII. Le trône et l'autel en Tohu et Bohu	219

ANNEXES

DISCOURS DE M. DE BISMARCK SUR LES AFFAIRES D'ALSACE-LORRAINE

Discours prononcé à la séance du Reichstag du 2 mai 1871.	229
— — 25 mai 1871.	243
— — 3 juin 1871.	257
— — 16 mai 1873.	265
Protestation de la députation de l'Alsace-Lorraine (séance du 18 février 1874)	277
Discours de M. de Bismark à la séance du 3 mars 1874.	289
— — 30 novembre 1874.	303
— — 21 mars 1879.	311

ALLOCUTIONS, TOASTS ET DISCOURS DE M. DE MANTEUFFEL

Avis d'entrée en fonctions (1er octobre 1879)	325
Allocution au clergé de Strasbourg	326
Allocution aux fonctionnaires de la Haute-Alsace	326
Allocution aux fonctionnaires de la Lorraine	328
Toast prononcé à Mulhouse	331
Allocution à l'ouverture de la session du Landesausschuss.	332
Toast porté aux membres du Landesausschuss	333
Discours prononcé à la séance d'installation du Conseil d'État d'Alsace-Lorraine	336

IMPRIMERIE CENTRALE DES CHEMINS DE FER. — A. CHAIX ET Cie,
RUE BERGÈRE, 20, A PARIS. — 17006-0.

www.ingramcontent.com/pod-product-compliance
Lightning Source LLC
Chambersburg PA
CBHW072014150426
43194CB00008B/1105